Carnivorous Plants

食虫植物の文化誌

ダン・トーレ 著
Dan Torre

伊藤はるみ 訳

花と木の
図書館

原書房

［……］は訳者による注記である。

筒状の葉をもつ食虫植物サラセニア

はじめに

植物の王国の中でも、食虫植物はきわだって特殊なグループを形成している。それは昆虫やクモなどの小さな生き物をおびき寄せて捕らえ、溶かしてその養分を吸収できるように葉や茎を進化させてきたという共通点をもつさまざまな植物の総称である。食虫植物は私たちを魅了し、想像をかきたて、美術、文学、映画、アニメーションなど幅広い文化活動にインスピレーションを与えてきた。

そもそも生き物を食べる植物という存在自体が、私たちの自然界に対する伝統的な見方とは相反するものだ。私たちは植物を、食物連鎖の最下層に位置するもの、動物に食べられるものと認識してきた。その連鎖の逆転があるとは思ってもみなかった。18世紀から19世紀にかけて昆虫などを栄養源とする植物が存在するらしいことがわかってきても、多くの人は半信半疑だった。そのような植物は長いあいだ当然とみなされてきた自然界の秩序に反する存在だったのだ。現在でも「肉食の」植物と聞けば何やらおぞましい感じを受けるし、まさにそれゆえに映画、アニメーション、コミッ

ドイツの『マイヤー百科事典』（1897年版）に描かれたさまざまな食虫植物。

ク、ゲームなどのキャラクターとなってしばしば登場するのだろう。

現在では700種以上の食虫植物が知られている。さらに毎年のように新種が発見されたり、昔から知られていた植物がじつは食虫植物の特性をもつことが新たにわかったりしているので、その数は増える一方だ。食虫植物の定義は時代とともに修正されてきており、それもまた食虫植物の仲間が増える原因になっている。一般には、食虫植物とは昆虫などをおびき寄せ、捕らえ、殺して消化して養分を得る能力をもつ植物とされている。しかし実際には、獲物を消化するのにバクテリアや別の昆虫の力を借りる食虫植物も多い。

昔から知られていた植物でありながら最近になって食虫植物と判明したものもある。昆虫を捕らえる能力は知られていたものの、それはその虫が偶然つかまっただけ、あるいはその植物

ダーリングトニア・カリフォルニカ（コブラプラント）。半透明のドーム型捕虫器とコブラの舌のように突き出した部分が特徴。

が自分の葉や花が食べられるのを防ごうとしただけと解釈されていたケースもある。たとえばウツボカズラのように袋状の葉をもつ植物は雨水を蓄えておくためにそのような葉をもっていて、たまたまその水を飲もうとした不幸な昆虫が袋の中に落ちてしまったのだと考えられていた。ハエトリグサやモウセンゴケは自衛手段として昆虫を捕らえている――花や葉を食べられる前に殺してしまう――のだと見られていた。しかし今では、それらの植物が昆虫を捕らえる最大の目的は養分を得るためだとわかっている。どうやら自然界には食虫植物かどうかを決定する明確な境界線は存在しないようだ。それらしい特徴を備えてはいても、昆虫だけから養分を得ているわけではない植物もあり、それらは半食虫植物と呼ばれることもある。

植物が土壌から水分を吸収していることは誰でも知っているが、それ以外にもさまざまな養分（とくにカリウムと窒素）を根から吸いあげ、葉からも吸収している。それらの植物にとって不可欠な養分は、元をたどれば枯れて腐敗した植物や死んだ動物の体に直接あるいは間接的に由来するものが多い。じっさい、多くの天然肥料は動物の排泄物や死骸（いわゆる骨粉など）を原料としている。そう考えれば、どんな植物も土中にある動物の排泄物や死骸から養分を得ていることになるわけだが、もちろんすべての植物が食虫植物と見なされてはいない。同様にすべての植物は土中にある他の植物の残骸から養分を吸収しているが、それを植物の共食（ともぐ）いだと考える人はまずいないだろう。

ほとんどの食虫植物は光合成もしているので昆虫などを消化しなくても成長することはできるのだが、虫を捕らえて消化したもののほうがよく育つ。もっともこれについても個体差や種（しゅ）による差はあるようだ。たとえばトリフィオフィルム（蔓（つる）の長さが45メートルを超える巨大な蔓植物）はその生涯のうちのわずかな期間だけ食虫植物の特性を示す。

昨今の人間界の状況さながらに食虫植物がベジタリアン化して、肉食を控え、他の植物の落ち葉や空中の花粉から養分を得るようになることもある。ウツボカズラ属の中には、コウモリやネズミの糞が袋に落ちたものを養分にする植物も見られる。

食虫植物は、アメリカ合衆国東部の湿地からイギリスやヨーロッパ大陸の寒冷な高地まで、あるいは東南アジアの高温多湿の熱帯ジャングルからメキシコやオーストラリアの乾ききった砂漠地帯まで、地球上のほとんどすべての場所に生育している。ただしこれらすべての食虫植物の生育地は、

サラセニアの栽培品種。

シンガポールの植物園での食虫植物の展示風景。レゴブロックのようなプラスチックで作った模型もいっしょに展示されている。

植物の成長に不可欠な養分が不足している点が共通している。そうした環境下では、土壌から吸収する養分だけにたよる他の植物よりも食虫植物のほうが有利だ。興味深いことに、食虫植物は近づいてくる昆虫を見境なく獲物にするわけではない。多くの食虫植物は特定の昆虫や動物と驚くほど複雑な関係を築いている。

実物は小さいのに巨大化されて有名になった食虫植物もある。ユーモラスな美術作品になったり植物園の装飾になったりした食虫植物だ。近年シンガポールにオープンした植物園、ガーデンズ・バイ・ザ・ベイには一見すると小さな犬や猫なら飲みこんでしまいそうなサイズのウツボカズラやハエトリグサの作り物が置かれている。近づいてよく見ればそれはレゴブロックのようなプラスチックの部品で作られた実物より大きな偽物であり、それが本物の食虫植物にまぎれ込むことで楽しい雰囲気が生まれているのだ。もちろんこれはユーモラスな展示の工夫にすぎないが、人間を食べてしまうほど巨大な食虫植物があるかもしれない……という私たちの秘かな期待を反映していると見ることもできる。

初めてその存在を知られて以来ずっと、食虫植物は私たちの想像をかきたててきた。人間を襲って食べてしまう怪物として食虫植物を描いた映画、アニメーション、コミック、小説などは数えきれないほど生みだされてきた。反対に食虫植物をより繊細に、より好意的に描いたもの、たとえば知性をそなえた可愛いペットとして、あるいはエキゾチックでひたすら美しいあこがれの対象として描いたものもたくさんある。最近では食虫植物を育てたり、コレクションにしたり、その保存活動をしたりする人々も増えてきた。食虫植物が植物の王国でユニークな位置を占めていること、そして私たち人間が生みだす想像の世界でも同じように独自の位置を占めていることは明らかである。

第1章　食虫植物とは

食虫植物は地球上の生物の種（しゅ）としては特異なグループを形成している。現在知られている食虫植物は約700種だが、過去10年を見ても毎年10種ぐらいが新たに発見されている。しかし地球上には39万種以上の維管束植物［維管束を通して全身に水や養分を運ぶ植物。つまりコケ類と藻類以外の植物］が存在することを思えば、食虫という性質がかなり特殊なものであることは否めない。植物分類学から見れば、食虫植物という分類は存在しない。現在知られているだけでも食虫植物は11の科、20近い属にまたがって存在しており、祖先をたどってみれば少なくとも6つの系統に分かれるということだ。[1]

分類学的には別種のこれらの植物に一貫して見られる特徴は、養分の少ない環境に生育しているということである。食虫植物はそのような環境下で、他の植物と養分を奪い合って根を太く長く張りめぐらせることにエネルギーを費やすかわりに葉の形を変えてワナをしかけ、捕らえた昆虫などから必要な養分を吸収することにしたのだ。食虫植物といってもそれぞれの植物が自分なりの工夫

ドイツの『ブロックハウス百科事典』（1892年版）に掲載された食虫植物の挿絵。

をこらして養分を得ているので、どこまでを食虫植物とみなすかの線引きについては長年の論争が続いている。今のところ、昆虫を引き寄せ、捕らえ、消化（独力で、あるいはバクテリアなど他の生物の力を借りて）し、自分にとって必要な養分を昆虫から吸収する植物を食虫植物と呼ぶ、という点では広く合意が得られている。定義については「食べる――消化する」という部分が長年の争点だった。過去には、捕らえた獲物を自分の力で消化する――ハエトリグサのように――ものだけを食虫植物と見なすべきだと主張する研究者と、ギアナ高地の固有種ヘリアンフォラやアメリカのカリフォルニア州などに生育するダーリングトニアのようにもっぱら微生物が獲物を分解することで生まれた養分を吸収するタイプも食虫植物と見なすべきだと主張する研究者のあいだの論争があったのだ。これについては、今はどちらも食虫植物と見なすことで決着している。考えてみれば動物（人間を含む）も食べたものを消化するのに腸内バクテリアの力を借りているわけで、それをもって動物は「自力で消化する能力がない」とは言わないのだから、この決着は納得できるだろう。

根元で動物の死骸が徐々に腐敗し分解されていけば、どんな植物でも根からその養分を吸収し成長に役立てる。ことさらに「肉食の carnivorous」植物と呼ばれるからには、食虫植物が共通してもつ特徴があるはずだ。その特徴をあえて擬人化して言えば、食虫植物は意図的に昆虫などの養分を得ようとしている、ということになる。食虫植物は獲物を引き寄せ、捕らえ、消化して養分を吸収したいがために、さまざまな工夫を凝らしているのだ。人間が勝手に擬人化してそう思いこんでいるだけかもしれないが、いくつもの科や属にまたがる食虫植物というユニークなグループを定義するには、この説明はかなり有効だと思われる。

食虫植物が他の多くの植物とあえて別の生き方を選んだことには、それなりの理由がある。多くの場合、彼ら（擬人化を続けさせていただけば）は生育に最適とは言えない環境に生まれてしまった。「肉食」は逆境に耐え、同じ環境にいる他の植物との生存競争に勝つための効果的な手段だったのだ。ほとんど経済効率だけに着目したある研究者は、「肉食」は植物にかなりの負担を強いるものだから、自生地の土壌が極端にやせており、なおかつ食べるための獲物はたくさん存在するのでなければ割に合わないと主張している。

費用対効果が決定因子である。獲物を捕らえて消化するための仕組みを備えることは植物にかなりの負担を強いるものである以上、それにまさる利益がなければならない。植物にとって、はるかに安価な手段である根を使って、植物に不可欠な窒素やリンなどの養分が十分に得られる状況なら「肉食化」はあり得ない。[2]

基本的に食虫植物はすべて葉を使って獲物を捕らえている。地中にいる虫を獲物にすることで知られるゲンリセア属でも、地下に逆Y字型に伸びた葉（根のように見えるが）で獲物を捕らえている。根ではなく葉から養分を吸収するように進化したこと、それこそが食虫植物のもっとも興味深い特徴なのだ。

ただし、食虫植物以外の植物にしても根からだけ養分を得ているわけではない。根からだけでなく葉を通して養分を得ることのできる植物はたくさんある。植物の葉に液体肥料をスプレーすれば根からよりずっと早く吸収されるだろう。[3] しかし食虫植物は、それよりずっと効率的に葉を用いる手段を身につけているのだ。長い時間をかけて一部の葉が少しずつ丸まって筒状になる。するとそこに雨水がたまり、時にはその水に虫が落ちて溺れ死ぬこともあっただろう。もともと養分を吸収する役目も果たしていた葉にとっては、死んだ虫が分解されてできた養分は願ってもない贈り物だっただろう。[4] 味をしめた葉はより深い筒になり、より多くの虫を捕らえ、より多くの養分を得るようになったに違いない。[5]

土壌に窒素などの養分が十分にあっても、サラセニア・プルプレア（和名ムラサキヘイシソウ）やダーリングトニアなどは根からだけでは必要な量の窒素を吸収するのは難しいという研究報告もある。

多くの食虫植物は根からの吸収能力を犠牲にすることで葉からの吸収効率を高めたのではないかという説もある。[6] サラセニア属は必要な窒素の80パーセントを筒状の葉によって得ている。雨季に降る雨に十分な窒素が含まれていても、サラセニア・プルプレア（和名ムラサキヘイシソウ）は他の植物のように根からそれを吸収するよりも、筒状の葉にたまった水から吸収することのほうが多い。[7] ムジナモ属、ゲンリセア属、タヌキモ属はそもそも根をもっていない。ゲンリセア属とタヌキモ属の葉は地中に伸びる匍匐茎（ほふくけい）であって、根のように見えるが根ではない。

モウセンゴケ属と共通の祖先をもつハエトリグサ属の獲物を捕らえるワナは、筒状の葉をもつ食虫植物より効率的だ。そのような仕組みを身につけたのはより大きい獲物を捕らえてより多くの養分を得るためだったと考える研究者もある。[8] その仕組みとは口を開いた二枚貝のような形をした葉

獲物を捕らえたドロソフィルム。

をすばやく閉じて獲物を捕らえるもので、粘液を出す毛のようなものが葉についているモウセンゴケ属のワナよりも大型の獲物を捕らえることができる。ただしモウセンゴケ属の中には葉にすばやく閉じる触手がついているものもあり、これがハエトリグサ属の二枚貝式のワナの先祖かもしれない。

多くの食虫植物は陽光をさえぎるもののない、開けた土地に自生している。そこは日陰を作る大木が育つには窒素が足りない場所でもある。[9] サラセニア（ヘイシソウ）属、ハエトリグサ属、ダーリングトニア属や一部のモウセンゴケ属の自生地は、養分が乏しく日陰がないことに加え、四季の変化が激しい温帯性気候の土地でもある。したがって寒い冬のあいだ、それらの植物の地上部は枯れて地下で球茎の形で休眠する。[10] 一部の食虫植物、とくに北アメリカ大陸に自生するものは、毎年決まった時期に起こる山火事に耐えて生きのびる仕組みを備えていて、中には火事をきっかけにして開花するものさえある。一般に食虫植物は他の植物が生育していない土地に自生するので、生育場所や日照を他の植物と奪いあうことは得意ではない。そこで山火事が起こって競争相手が一掃されるまで、地下で休眠してじっと待つのだ。そして火事の煙がすっかり消えると成長を始め、開花するのである。

食虫植物には多くの種類があり、それぞれが獲物を捕らえるために独自の戦略を立てている。しかしそれらの戦略を大別すれば、おおむね3つのグループに分けることができる。この章ではその3つ、すなわち素早い動きで獲物を捕らえるタイプ、粘液を出して獲物をからめとるタイプ、筒状の葉の中に獲物を誘いこんで捕らえるタイプ（いわゆるピッチャープラント）について順に見ていいくことにする。

●素早い動きで獲物を捕らえる食虫植物

ほとんどの植物は人間の目には変化が見えないほどゆっくりと成長する。しかし食虫植物の中には私たちが見ている目の前で、一瞬の動きで獲物を捕らえるものがある。

ハエトリグサ属（*Dionaea muscipula*）

いちばん有名な食虫植物といえば、断然ハエトリグサだろう。二枚貝のような形の葉をパッと閉じて獲物を捕らえる様子を見れば、だれもが驚愕し、魅了されるはずだ。ハエトリグサという名前に反して、獲物はおもにアリやクモなど這い歩く虫で、ときには小型のカエルやトカゲを捕獲することもある。研究者によればハエトリグサが自生地で捕らえる獲物のうち、ハエなどの飛ぶ虫は25パーセント以下だそうだ。[11] モウセンゴケ科ハエトリグサ属に含まれる種はハエトリグサだけである。モウセンゴケ科にはモウセンゴケ属もあり、モウセンゴケとハエトリグサの自生地はしばしば隣接している。

ハエトリグサの草丈は低く、茎は根茎となって地下にあり、そこから直径10センチほどのロゼット状［バラの花冠のような配列］となって葉が出ている。葉の先端は二枚貝のようにふたつに分かれ、周囲には鋭いトゲがついていて、非常に性能のいいワナとなっている。この葉が、その鮮やかな色彩や、紫外線を反射する特殊なパターンや、葉の周囲の分泌腺から放出される虫を引き寄せる芳香

ハエトリグサの栽培品種の直立したワナ。捕虫のいろいろな段階のものが見られる。

物質などを駆使して、さまざまな生き物をおびき寄せるのだ。

ふたつに分かれたワナの内側にはそれぞれ3本ずつ計6本の感覚毛があり、これが一瞬のうちに葉がパッと閉じるワナのスイッチになっている。誤って作動すれば無駄なエネルギーを使うことになるので、落ち葉や水滴など「食べられない」ものが触れても作動しないよう、このスイッチはじつに巧妙な仕組みを備えている。6本のうち少なくとも2本の毛が一定時間内（20～25秒ほど）に接触を感知するか、1本の毛が同じ時間内に2度接触を感知したときに初めてスイッチが入るのだ。感覚毛が傾くことで活動電位［細胞組織の興奮時に起こる一過性の電位変化］が生じ、それは二枚貝型のワナの底部にある機動細胞に伝えられる。機動細胞は1度目の電位変化を記憶しておき、一定時間内に2度目の電位変化が伝わるとワナを作動させるのだ。時間内に2度目の変化がなければ機動細胞は1度目の変化を「忘れる」ことにして、蓄えていたエネルギーを放出する。そして次の電位変化を待つのだ。このようなプロセスは「短期的電気記憶」と呼ばれる。[12] もっと長期的な電気記憶の例は他の多くの植物でも見られるが、ハエトリグサの約20秒後には忘れてしまうという短期記憶の仕組みは非常によくできている。たまたま感覚毛に水滴がひとつ触れたことまですべて記憶してそのたびにワナを閉じていたら、大変なエネルギーの無駄遣いになってしまうだろう。[13] 2本または2度の接触ではなくても、1本の感覚毛をある程度長く（2秒以上）押せば複数の活動電位が機動細胞に伝達され、同じようにワナを作動させることもわかっている。[14] ハエトリグサの二枚貝型の葉の中心葉脈のあたりに電気刺激を与える実験により、電気刺激によってワナが閉じることが証明されてもいる。[15]

鮮やかな赤色をしたハエトリグサ（栽培品種）のワナ。

ワナが閉じる実際の仕組みについては、今は「流力弾性による反り返り」説が広く認められている。活動電位によりワナの作動スイッチが入ると、細胞内のカリウムイオンと塩素イオンが細胞外に放出され、細胞内部の浸透圧が細胞外より下がることで水の流動が生じ「葉が急速に反り返ってワナが閉じる」[16]というのだ。反り返って閉じた葉の中には空洞ができ、上部はトゲでふさがれているので、獲物はとりあえず捕らわれの身となる。ハエトリグサはその後5分ほどかけて少しずつ空洞を狭めながら、中の獲物が自分の好みに合うかどうか「判断」する。この「判断」もワナの中でもがく獲物が触れる感覚毛からの電気信号に基づいて行われる。そしていよいよ消化するとなれば、ワナを完全に閉じ、少しワナのふくらみを減らす。[17]こうして密閉したワナの中に消化液をじわじわと出して、獲物を溶かし、柔らかい組織や体液を吸収するのだ。この消化は5〜10日で終わるのが普

開花したハエトリグサ。

通だが、それ以上かかった例もある。消化が完了するとハエトリグサは24時間ほどかけてゆっくりとワナの葉を開く。消化されなかった獲物の硬い外殻は中に残っている。ワナの葉はしばらくのあいだ内側にくぼんだ形をたもっており、もとのように外側に反り返った形になるにはさらに1日を要する。その間に、残っていた外殻は風に飛ばされるか雨に流されるかして消えていく。それでもワナの中にある感覚毛はさらに2～3日はその機能を回復せず、もしも前の獲物の破片が残っていてもそれに反応してワナを閉じたりしないようになっている。感覚毛が再び機能するようになるのは、そのあとのことだ。

ハエトリグサは自生地（アメリカ合衆国南東部のごく限られた場所）の、じめじめした沼地に生育する。乾燥した環境の下では地上部は枯れ、地下の根茎だけで生き続ける。洪水に襲われても——たとえしばらくの間は完全に水没してしまっても——、たいていは生きのびて、養分を摂取することもできる。完全に水中に没したワナを使って扁形動物などを捕食するハエトリグサも見つかっている。[18] 耐寒性にもすぐれ、気温が氷点をかなり下回っても根茎として休眠することで生きのびることができる。[19] 初夏には花茎が高く立ちあがり（40センチに達することもある）、白い花を咲かせる。花粉を運ぶ昆虫類をうっかり捕獲してしまうのを避けるためには、花茎を地面近くの葉（ワナ）よりずっと高く立ちあげることが必要なのだ。

他の植物と同じようにハエトリグサも虫などに葉をかじられる危険は常にある。ほとんどの植物にとっては、たくさんある葉の1枚を少しだけ虫に食べられても、光合成をしたり葉の表面から窒素を吸収したりして養分を得ることは続けられるから特に問題はない。しかしハエトリグサにとっては、葉にダメージを受けるということはワナが使えなくなることだ。大変な苦労をして葉をワナに進化させてきたのだから、葉をねらう敵を近づけるわけにはいかない。そこで、同じ事情をかかえる他の植物と同じように、虫の嫌う弱毒性の化学物質を葉で産生することができる。ただし他の多くの植物が虫除けのために産生する揮発性の化学物質は窒素を必要とするが、ハエトリグサの自生地は窒素が乏しいので、窒素を含まない独自の化合物（フェノール類やフラボノイド配糖体など）を産生して、葉をねらう虫たちを遠ざけている。ほかにも葉からはプルンバギンという揮発性の化合物が産生されているが、これは催眠性があるので、ワナにかかった獲物が消化液の中で溺れ死ぬまでの間にあばれて大切なワナを傷つけることのないよう、おとなしくさせておくためだと考えられている。[20]

ムジナモ（*Aldrovanda vesiculosa*）

　ムジナモも素早く葉を閉じて獲物を捕らえる食虫植物である。細長い茎を中心にして、6～9枚の捕虫葉が放射状に輪生しているので、「水車」を意味する英語名（waterwheel plant）がついている。和名のムジナモはムジナ（アナグマ）の尾の形からの連想らしい。ふつうは長い茎に放射状の捕虫葉がたくさんついている。ムジナモは根をもたない浮遊性の植物で、たいてい池などの水面ぎりぎりのところに生育している。

ムジナモは池などに浮遊していて、その一部は水中にある。

　それぞれの葉の先端はハエトリグサと同じく二枚貝が閉じるような仕組みのワナになっているが、それらはハエトリグサのワナと比べればずっと小さく、平均2ミリほどの長さしかない。ワナの壁は非常に薄く半透明である。ハエトリグサのワナの感覚毛は6本だが、ムジナモのワナの内部には20～40本、あるいはそれ以上の感覚毛がある。さまざまな地域に広く分布しているので獲物の種類もさまざまだが、ハエの幼虫、ミジンコ、線虫類が多い。そうした水生の獲物がワナに入りこむと、感覚毛にふれてワナが閉じる。[21] するとワナの内側の腺毛から消化液が分泌されるわけだ。獲物を捕らえるサイクルもハエトリグサとほとんど同じである。最初に素早くワナを閉じたあと、ゆっくりとワナを狭めながら中に入った水を排出してからワナの口をぴったり閉じる。それから消化液を分泌し、獲物の養分を吸収する。数日後にワナの口を開き、獲物の死骸の残りがあれば流れ出るのを待つ。そして次の獲物に備えるのだ。ハエトリグサもムジナモも、ひとつのワナは役目を数回果たすと寿命が尽きる。

ムジナモは十分成長すると30センチほどの長さになる。その後も成長はさらに続くが、一方の先端だけが成長し、反対側は先端から枯れていく。そのようにして、成長を続けながら適正な長さを維持しているのだ。ムジナモは水中に浮遊したままほとんど動かず、おもに体の一部からちぎれた部分を成長させることで増殖する。その増殖の担い手はおもに水鳥で、ムジナモの浮遊する水面を泳ぎながら意図せずに一部をちぎり、断片を体につけたまま離れた場所まで運んでは落としていくのである。

タヌキモ属（*Utricularia*）

素早い動きで獲物を捕らえる食虫植物の3つ目はタヌキモ属だ。学名の「ウトリクラリア」はラテン語で「革袋」を意味し、この植物の捕虫器がワインを入れるのに使われていた革袋に似ているところからきている。和名のタヌキモは水生のこの植物をタヌキの尾に見立ててつけられた。タヌキモ属には230種以上が含まれ、南極以外のすべての大陸に広く分布するが、南アメリカ大陸に

タヌキモの小さな袋状の捕虫器。

もっとも多く自生している。これは食虫植物の中でも最大の属であり、もっとも素早く獲物を捕らえる種類でもある。これに属するすべての種が根をもたず、小さな袋——これが獲物を捕らえるワナで、捕虫嚢と呼ばれる——のついた葉があって、この葉はしばしば根と間違えられる。タヌキモ属は陸生、水生、着生［他の木や岩盤に根を下ろすもの］の3つに大きく分けることができる。

捕虫嚢は一方の端に「ドア」がある直径1ミリ〜1センチほどの非常に小さい卵型の袋なので、獲物も小さなものに限られる。捕虫嚢の「ドア」は何もなければしっかりと閉められているので、内部は水圧をうけて真空になっている。扉についている感覚毛に獲物が触れると、扉はあっという間に内側に開き、水と獲物が一気に袋の中に吸い込まれる。すると扉はまた素早く閉じる。この動きは2000分の1秒という瞬時に起こる。次に獲物といっしょに吸いこんだ水が排出され、袋は周囲の水圧に押されて

水中に伸びたタヌキモの捕虫器を描いた挿絵（1912年頃）。

縮むので、中の獲物は身動きできず、消化されることになる。

どこで生育するにしても、タヌキモにとっては水圧を利用して機能するワナが水中にあることが必須条件である。したがって陸生種（これがいちばん多い）もほとんど常に水浸しになっている場所に生育している。[22] 水生種はだいたい水中を浮遊している。着生種は高温多湿の熱帯に生育する木の枝に生えたコケ（水分をたっぷり含んでいる）の上に見られることが多い。パイナップル科の植物の葉にたまった雨水の中で生育する種（*Utricularia humboldtii*）もある。タヌキモは開花期になると花軸を長く（1メートルを越えるものもある）伸ばす。[23] 美しい花を咲かせるものも多く、花の直径が5センチほどになる種もある。

◉粘液を出して獲物をからめとるタイプ

葉の表面に粘着性のある液体を出して虫を引き寄せ、身動きできなくすることで捕らえる食虫植物はたくさんある。いったん粘液に触れた不運な虫は、どうあがいても逃げられない。

モウセンゴケ属（*Drosera*）

モウセンゴケ属も広く分布している食虫植物だ。この属には200種近くがあり、地球上のほとんどの大陸に自生しているが、その半数近くはオーストラリア原産である。ほとんどの種は湿気が多く窒素分に乏しい土壌に生育しているが、夏には非常に乾燥する地域に適応している種もある。それらは球根状の部分を地下にたくわえ、その形で夏の過酷な暑さやときには山火事にさえ耐え抜

モウセンゴケの一種。コンパクトなロゼットを形成している。

いてふたたび地上に現れる。

モウセンゴケ属の葉には平らなもの、丸いもの、長いもの、細いもの、トゲトゲしたものなど、ほとんどあらゆる形状とサイズのものがあるが、どれも表面が細い腺毛におおわれ、その腺毛の先には小さな分泌腺を持つ点は共通している。この分泌腺からは粘着性のある液体のしずくが出る。学名の「*Drosera*」は「露を帯びた」という意味のギリシア語「droseros」から名づけられたのだろう。しかし水でできた露なら陽光を浴びれば蒸発して消えてしまうのに、モウセンゴケ属の出す「露」は陽光を浴びれば浴びるほど、暑ければ暑いほどその力を発揮する。

この露（水滴）のように見えるものが反射する光のスペクトルは虫が好む甘い蜜が反射する光のスペクトルに似ているので、虫をおびき寄せる効果がある。虫はその蜜を食べようと葉の上に降りてくる。ところがそのしずくには粘着性があるから、足にせよ羽にせよ体の一部が少しでも触れればくっついてしまう。離れようともがけ

モウセンゴケの一種。髪の毛のように細く小さな触手の1本1本が先端に粘液の「露」を帯びている。

ばもがくほど、ねばねばした腺毛がさらにからみつくことになる。

モウセンゴケ属の多くは、人間がハエ退治に使う粘着性の「ハエとり紙」のように虫を待っているだけではない。1本の腺毛に虫が触れたとたん、周囲の腺毛はその虫のほうにゆっくりと傾きはじめて囲んでしまうのだ。ドロセラ・グランドゥリゲラ（*D. glandulígera*）のように、ねばねばした腺毛のほかに素早く動く細いトゲのようなものが葉についていて、虫がそのトゲに触れた瞬間に（10分の1秒以内に）その虫をねばねばした腺毛のほうに押しやる仕組みをもつものもある。あるいは最初に虫が腺毛に触れたあと数時間かけて葉の全体が湾曲し、虫を巻きこんでしまうものもある。細いトゲのようなものが素早く動く仕組みは、ハエトリグサのワナと同じように電気刺激によるものだ。葉のゆっくりした動きのほうは、おそらくホルモン類の産生が増して化学的刺激が生じるためだろうと考えられている。[24] いずれにせよ、腺毛はいったん獲物を捕らえると粘液の分泌を止め、かわりに消化酵素を含む酸性の液体を分泌し始める。虫の体が消化されると、同じ腺毛が消化された虫の養分を吸収し始める。2〜3日後には獲物は外殻だけになっている。消化が始まった時点で周囲の腺毛は粘液の分泌を止めているので、消化が終われば残った外殻はどこかへ離れていってしまう。そうなって初めて腺毛は再び粘液を作り始めるのだ。

モウセンゴケ属の植物の大きさは種によって大きく異なっている。最小のものでは葉の長さが数ミリしかない（オーストラリア原産のドロセラ・オッキデンタリス *Drosera occidentalis* は全体の長さが8〜10ミリしかない）が、ドロセラ・レジア（*Drosera regia*）は長さ50センチにもなる細長い葉をもっている。ハエトリグサに似ているようにも見えるロゼット状のモウセンゴケの一種もあれば、長く伸びる蔓性のものもある。花は大きさもさまざまで、白、赤、黄、橙、紫など色も多様である。

ムシトリスミレ属（*Pinguicula*）

ムシトリスミレ属には約80種が含まれ、ほとんどはメキシコおよび中央アメリカに見られるが、北アメリカ、ヨーロッパ、アジアにも分布している。モウセンゴケ属と同じようにムシトリスミレ属も、葉の表面には粘液を出す腺毛がぎっしりと並び、それを使って獲物を捕らえる。腺毛は非常に小さく、離れたところから見れば葉の表面はなめらかで光沢があるように見える。英語名が「バター草 butterwort」なのはそのためだ。ラテン語の学名「*Pinguicula*」もオイルを意味する言葉に由来している。

ムシトリスミレ属のほとんどの植物は直径5～10センチほどのロゼット［バラの花のような形］になっている。葉の表面をおおう腺毛からは粘液が出ている。ほとんどのモウセンゴケ属とは異なり、ムシトリスミレ属の葉の表面には粘液を出す腺毛のほかに柄がなくて葉にへばりついている腺があり、獲物を捕らえるとそこから大量の消化液が出てくる。この腺は消化した獲物の養分を吸収する役目も果たす。

ほとんどの種では、獲物を腺毛の粘液によって捕らえると葉の縁が内側に少しだけカールし、獲物を入れる皿のような形を作る。そこに消化液をためることで消化がしやすくなり、さらには消化の過程で液や獲物が葉から流れ落ちることを防ぐことができるのだ。そればかりか消化液には抗菌作用をもつ酵素が含まれていて、ゆっくり消化するあいだに獲物が腐敗することが避けられるよう

ムシトリスミレの葉をおおうようにびっしり生えている微細な腺毛は、葉にバターを塗ったような光沢を与えている。

になっている。

ビブリス属（*Byblis*）

ビブリス属はオーストラリアとニューギニア島に分布する食虫植物で、7つの種が含まれている。光が当たると細く長い葉の表面にあるたくさんの粘液のしずくが反射して美しい色が見られることから、「虹の植物 Rainbow plant」という英語名がついている。

これも、モウセンゴケ属と同じように葉や茎には粘液を出す腺毛がたくさんある。そしてムシトリスミレ属と同様に葉や茎には粘液を出す腺毛とは別に消化液を出す腺があり、粘液を出す腺毛が獲物を捕らえると、消化液を出す腺が作動して、消化と吸収を行う。ビブリスの中にはカメムシの一種と共生するものもある。このカメムシは、共生するビブリスが粘液によって捕らえた比較的大きな獲物

粘液が反射する光が虹のように見えるビブリスは、オーストラリアとニューギニアに分布している。

を食べて、ビブリスの葉や茎の上に糞をする。ビブリスのほうはその糞から養分を吸収することで消化する手間が省けるわけだ。

ドロソフィルム属（*Drosophyllum lusitanicum*）

ドロソフィルム属はイベリア半島の西部にあたるスペインとポルトガルおよびモロッコ北部だけに自生している。とりわけポルトガルに自生するものが多い。学名の「ドロソフィルム」はギリシア語の「露を帯びた葉」を意味する語に由来している。この植物は17世紀に初めて発見され、リンネは1753年にモウセンゴケ属に分類した。1870年代になるとダーウィンが詳しく調査して、この植物を彼の「昆虫を食べる植物」の長いリストに加えた。

ドロソフィルム属は、夏は非常に暑くて湿度が下がる地域の、比較的乾燥した土壌におもに生育している。必要な水分のかなりの部分は、その地

ドロソフィルム属はイベリア半島の原産だ。

域で夜間に生じる海霧のしずくを粘液におおわれた細い葉で集めて吸収することでまかなっているらしい。[25] 細い葉は15〜20センチの長さまで成長し、とくに乾いているときは松葉のようにも見える。英語名の「露をまとった松 dewy pine」はそこからきている。食虫植物としては大型で、全体の背丈は90センチに達することもある。

モウセンゴケ属と同じくドロソフィルム属も腺毛におおわれているが、腺毛の先端についている粘液のしずくは鮮やかな赤色に染まっている。葉には粘液を出す腺毛だけでなく、消化液をだして獲物の消化と吸収を行う腺もある。獲物となる虫たちは腺毛の先端の赤い色と蜜のような甘い香りに誘われて近づいてくる。

粘液のしずくに少しでも触れた獲物は逃れようとしてもがくことで粘液まみれになってしまう。別の腺から出た消化液は強力で、すばやく獲物を溶かしてしまう。養分を含むその液体は針のように細い葉をつたって、吸収機能をもつ多くの腺の上に滴(したた)り落ちる。[26] 腺毛から出る粘液も別の腺から出る消化液も強い酸性をおびているので、蚊のような小型の昆虫ならわずか24時間で完全に消化してしまう。[27]

粘液で獲物を捕らえるその他の食虫植物

フィルコクシア（*Philcoxia*）属は一風変わった食虫植物である。最近発見された植物で、ユニークな食虫性質をもつことが明らかにされたのはさらに最近の、２０１２年のことだ。この属にはフィルコクシア・バヒエンシス、フィルコクシア・ゴイアセンシス、フィルコクシア・ミネンシスおよび新しく発見されたフィルコクシア・トゥベローサの4種が属している。そしてこの属のユニークな点は、捕食器を地下に隠していることだ。地上には非常に細く繊細で葉のない茎に見えるものしかない。しかしそれはこの植物の開花期だけに現れる姿（花茎と非常に小さい花）であり、地下には直径わずか2ミリの粘着性をもつ腺毛をもつ葉が育っているのだ。この極小の葉の腺毛が、湿り気のある砂地の中を動き回っている、顕微鏡を使わなければ見えないほど小さな線虫類を捕らえる。線虫を捕らえると葉から消化酵素が出てその養分を吸収する。この地下の極小の葉は光合成を行うこともできる。生育している土壌は結晶質の多い砂地なので光が地下の葉まで届くからだ。

あとふたつ、粘着性のある葉を使う珍しい食虫植物をあげておこう。ひとつはトリフィオフィルム・ペルタトゥム（*Triphyophyllum peltatum*）という西アフリカに自生する木本性の属で、幼木のときだけ粘液を出す腺毛をもつ、言わばパートタイムの食虫植物である。もうひとつはロリドゥラ属（*Roridula*）といい、ロリドゥラ・デンタータ、ロリドゥラ・ゴルゴニアスの2種がある。これらはその粘着性の腺毛にも捕らえられないように進化したある種の昆虫と共生関係にあり、その粘着性の腺毛に捕らえられた獲物を食べた共生昆虫の糞を消化吸収している。

●ピッチャープラント

筒状の葉の中に獲物を誘いこんで捕らえる食虫植物はバラエティに富んでいて、外見もさまざまである。しかしそのどれもが液体の入った筒状の部分［英語ではこの部分を水差し＝ピッチャー（pitcher）に見立ててピッチャープラントという総称で呼ばれている］をもち、そこに誘いこまれた昆虫などは溺れ死んで養分を吸い取られることになる。

ウツボカズラ属（*Nepenthes*）

ウツボカズラ属には150種以上が含まれ、さらに230種以上の交雑による栽培種が知られている。生育地はおもに東南アジアおよび中国南部だが、オーストラリア北部、マダガスカル、インド南部、セーシェル諸島にも自生している。一般にはトロピカル・ピッチャープラントなどと呼ばれることが多い。マレーシアでは「サルの壺」を意味する「ペリオク・ケラ」、中国では「ブタの檻」を意味する「シューロンカオ」と呼ばれている。[28]

ウツボカズラ属は蔓性の植物で、ほとんどは葉先から伸びた蔓の先に捕虫器である液体の入った壺をもつ。この壺は葉が変化したもので、いくつもの段階を経て完成する。まず普通の葉として生えてくる。次に葉先から少しずつ巻きひげが伸びてくる。やがてこの巻きひげの先端がふくらんで壺の形になる。面白いことに本体の成長段階によって、タイプの異なる2種類の壺ができる。成長初期でまだ丈が低いときには地面近くの低い位置に壺ができて、蔓から下がったりそのまま地上に留まったりする。低い位置にできる壺は地面にしゃがみこんだような状態をたもち、地面を這（は）い歩く虫を誘いこむことが多い。3リットル以上の水が入っている大きな壺もある。蔓が高くまで伸びてからできる壺は低層部のものより小型で細長くなる。高い位置にあるので、飛んでくる虫を多く捕らえる。壺をささえる茎はものに巻きつく性質をもち、近くの木の枝に巻きついて高くまで上っていく。[29] 多くの場合、低層部の壺と高層部の壺では口が向く方向が異なっている。低層部のものはそれを支えている葉と巻きひげのほうを向いているが、高層部のものは反対側を向いているのだ。蔓（つる）がさらに高く伸びると、低層部の壺と高層部の壺のあいだに中間的な形状をもつ壺ができることもある。一般に植物の葉というものは、種（しゅ）が異なってもあまり大きな違いは見られないものだが、

高い位置の壺と低い位置の壺の両方が見られるネペンテス・ラフレシアナの挿絵。「ヨーロッパの温室および庭園に見られる花 *Flore des serres et des jardins de l'Europe*」1865年版より。

ウツボカズラ属の葉はほかの植物の葉とはまったく違うのだ。

ウツボカズラ属はその自生地によって、海抜1200メートル以下の低地に育つ種と、それ以上の高地に育つ種の2グループに分けられる。低地に育つ種は年間を通して熱帯気候のもとで生育することができる。ところが高地で育つ種は、寒さに——ときには日中と夜間の激しい温度差に——遭遇することになる。ほとんどすべてのウツボカズラ属は湿度の高い湿地に自生している。多くは雨林気候帯で生育するが、より開けた草原地帯に生育するものも少しはある。土壌に根を下ろし、蔓をのばして付近の木にからみつくことで上に伸びていくものが多いが、一部の種は別の木の枝に着生して生きる。蔓が30〜40メートルもの長さまで伸びるものもあるが、はるかに小型のものもある。

新しい壺ができるときは葉の先端が——風船がふくらむように——ふくらみを帯びていき、口は閉じたまま、中に液体がたまり始める。ムシトリスミレ属と同じで、この液体には何らかの抗菌作用があり、それがこの液体内でバクテリアが発生することを防いでいるらしい。[30] 壺の成長が終わりに近づくと、口のふたがゆっくりと開きはじめる。意外に思われるかもしれないが、このふたは一度開けばもう閉じることはない。壺の中には液体の分泌が続き、それに雨水も加わっていく。

壺に獲物をおびき寄せる手段は、鮮やかな色彩、蜜、香りなどさまざまである。獲物を捕らえるワナは誘惑ゾーン、落とし穴ゾーン、消化ゾーンの3つにわけられる。[31] 壺の口の周囲とふたの部分は甘い蜜を出す誘惑ゾーンだ。誘惑ゾーンで蜜を食べていた虫はツルツルした壺の表面で足をすべらせ壺の中に落ちてしまう。壺の口のすぐ下にある落とし穴ゾーンの壁はすべりやすくできている

ネペンテス・マクシマ（ウツボカズラ属）の高層部の壺。インドネシア、西パプア州のアンギ湖周辺で撮影されたもの。

ネペンテス・マクシマ（ウツボカズラ属）の低い位置の壺。インドネシア、西パプア州のアンギ湖周辺で撮影されたもの。

ので、虫は足を使って這い上がることができない。壺の中のさらに下のほうには消化ゾーンがあり、ここの液体には消化酵素に加えて一種の湿潤剤が含まれており、虫が溺れるのを早めている。消化酵素の働きはかなり強力で、たいていの虫の柔らかい部分は2～3日のうちに消化されてしまう。種によっては、虫の非常に硬い外骨格も溶かすことのできるキチナーゼという酵素が壺の中の液体に含まれているものもある。また比較的大きい獲物の分解を助ける微生物が液体の中にいるものも多い。[32]

食虫植物であることが明らかになる以前には、ウツボカズラ属の壺の役割は雨水をためておいて水が不足したときに備えることだと考える研究者が多かった。今では養分を得るために獲物を捕らえて消化吸収することが壺の役割だと知られているが、ボルネオ島に自生するウツボカズラ属の中には、雨季と乾季で得られる水分量の差が激しいので、じっさいに壺に貯めた雨水で雨季までの水不足をしのぐものもあるらしい。[33]

ネペンテス・ビカルカラタ（*N. bicalcarata*）は、その恐ろしげな外見で有名なウツボカズラ属の一種である。ラテン語で2本のトゲを意味する学名のとおり、壺のふたから下向きに2本のいかにも邪悪そうなトゲが生えていて、ヘビの牙のようなそのトゲの先端には蜜がたっぷりついている。アリなどがこれを食べにくれば、ほぼ間違いなく足をすべらせて液体をためこんだ壺の中に落ちてしまう。ウツボカズラ属の獲物になるのはアリが多いが、クモやムカデもよくワナに落ちるし、ときにはカエルなども落ちることがある。壺に落ちた虫などを鳥が食べにきたり、ネズミなどの小動物が壺にたまった水を飲みにきたりすることは珍しくないが、ごく稀にそうした鳥や小動物が壺に落ちて、ウツボカズラにしてみれば予想外の特別なごちそうにありつくこともある。

フクロユキノシタ属（*Cephalotus follicularis*）

フクロユキノシタ属はオーストラリアの一部にしか自生していない珍しい食虫植物である。西オーストラリア州アルバニー市の海岸沿いの地域でしか生育していないため、英語名はアルバニー・ピッチャープラントという。花の構造がユキノシタに似ているのが和名の由来だが、ユキノシタとは科が異なる。壺型の捕虫器の形はウツボカズラ属と似たところもあるが、この植物はフクロユキノシタ科フクロユキノシタ属に分類されている唯一の種（しゅ）である。

フクロユキノシタ。

フクロユキノシタは、光合成を行うための平面的な葉と捕虫のための壺型の葉の2種類の葉をもっている。捕虫器は小型で長さ5センチを超えることはめったにない。ふたがついているが獲物を捕らえるために閉じることはない。日照りが続いたときにはゆっくりと一部を閉じることはある。緑色から鮮やかな赤色まである壺は茎の背面につき、アリなどの飛ばない虫をお

西オーストラリア州海岸部の植生に見られるフクロユキノシタ。

びき寄せるため地面に底を接していることが多い。陽光を好み、陽光を浴びるほど赤みが増す。壺の口の周囲には、内側に向かって曲がったトゲがあり、その周辺には蜜が分泌されている。蜜を食べにきた虫は足をすべらせて壺に落ちるという仕組みだ。壺の外壁には繊毛の生えた3本の畝が垂直についていて、アリなどの獲物はこの畝をつたって蜜のある壺の口まで上っていけるようになっている。

ほとんどの食虫植物がそうだが、フクロユキノシタも花茎を捕虫器である葉の位置よりかなり高くまで――高さ60センチになることもある――伸ばして開花する。

サラセニア（ヘイシソウ）属（*Sarracenia*）

サラセニア属はどれも筒状の捕虫器をもつ8種の植物から成っているが、亜種や交雑種も多い。サラセニア属のほとんどは、傘のようなふたがついた縦長で筒状の捕虫器をもっている。葉の先端が風船のようにふくらんで壺状の捕虫器を形成するウツボカズラ属とは異なり、サラセニア属は長さ10センチから1・2メートルの細長い筒状の葉を縦につける。種（しゅ）によっては葉が非常に鮮やかな色をしていることもある。この珍しい形の葉を花と勘違いする人（そして不運な虫）もいる。

原産地は北アメリカ東部だが、いろいろな種が南はフロリダから北はカナダ北西部までの広い地域に自生している。ただし、もっとも多く見られるのはアメリカ合衆国南東部で、生育地は一般に養分に乏しく常に湿った土壌である。日の当たる場所でもよく育ち、十分に陽光をあびて育ったものは捕虫葉の色がより鮮やかになる。冬になって気温が氷点をある程度下回ると、根を残して枯れ

サラセニアの栽培品種。

たようになり、休眠して春を待つ。

やがて春が近づくと先端につぼみをつけた花茎を高く伸ばす。十分な高さまで伸びた花茎は先端をU字型にまげて、花びらを下向きにたらした珍しい形の花を咲かせる。

サラセニア属に含まれる8つの種とは、サラセニア・アラタ（和名なし）、サラセニア・フラヴァ（和名キバナヘイシソウ）、サラセニア・レウコフィラ（和名アミメヘイシソウ）、サラセニア・ミノル（和名コヘイシソウ）、サラセニア・オレオフィラ（和名なし）、サラセニア・プシッタキナ（ヒメヘイシソウ）、サラセニア・プルプレア（和名ムラサキヘイシソウ）、サラセニア・ルブラ（和名アカバナヘイシソウ）である。この8種のそれぞれに多くの亜科と変種があるので、同じ種でもさまざまな色や形や大きさのものがある。とくにフラヴァ、ルブラ、レウコフィラの捕虫

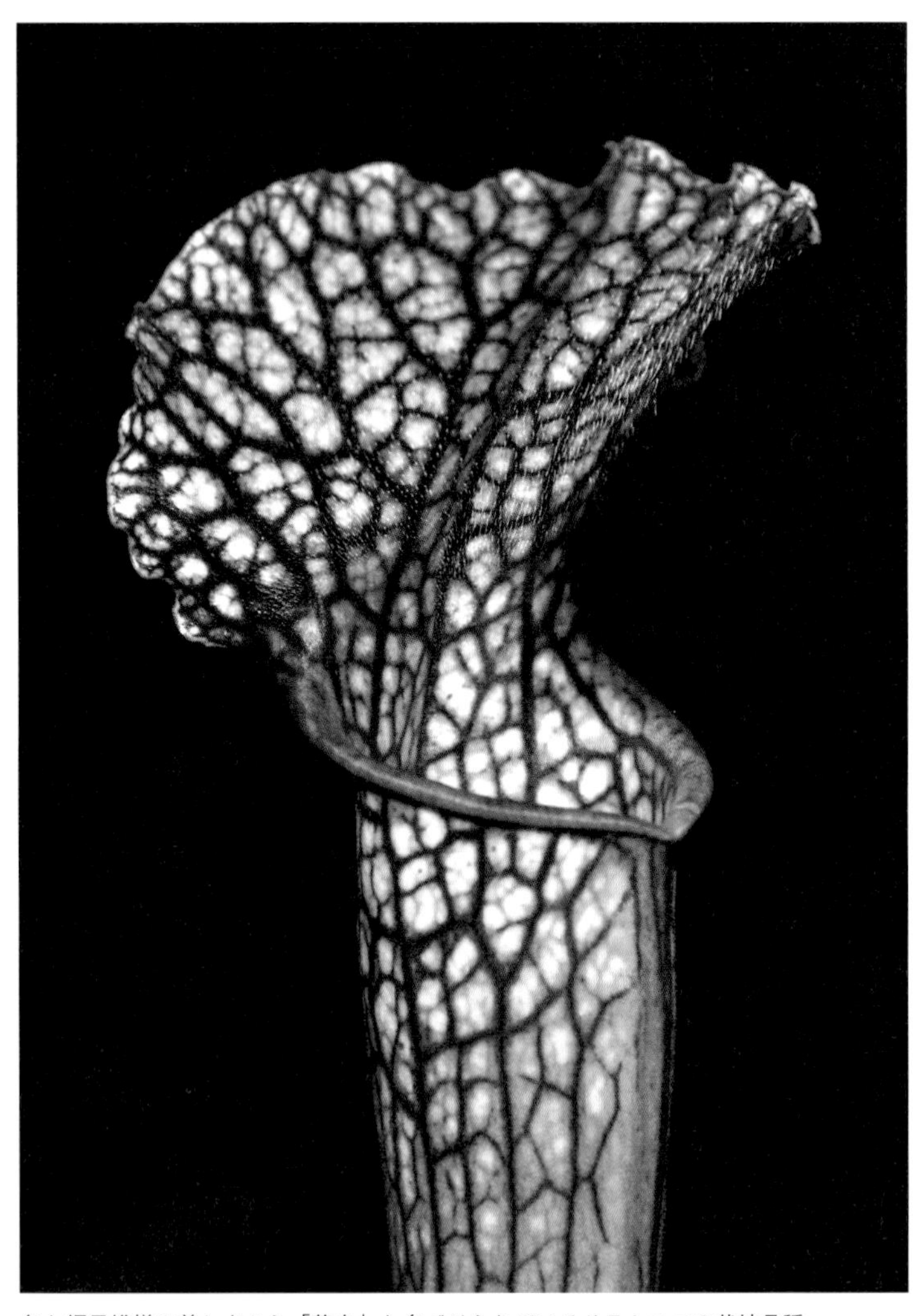

色と網目模様の美しさから「花火」と名づけられているサラセニアの栽培品種。

葉には、多くの色（白、緑、赤、紫、黄色）と模様（ストライプ、まだら、斑点、網目）が見られる。それに加えて交雑による変種もたくさんあるので、サラセニア属の捕虫葉の多様性はチューリップやバラの花にも劣らないとまで言われるほどだ。

虫たちは鮮やかな色をした壺状の捕虫葉に近寄っていく。多くの捕虫葉は一部が半透明になっていてステンドグラスのように光を通す。このぼんやりとした明るさが、虫にとっては魅力があるらしい。さらに壺の口の周辺からは甘い蜜が出ている。壺の口に近寄って蜜を食べはじめた虫の多くは、足をすべらせて中に落ちる。壺の口の周辺はつるつるしてすべりやすいのだが、それに加えて壺の内壁には下向きに繊毛が生えていて、落ちた虫がはいあがることも難しい。キバナヘイシソウのように、蜜にコニインという毒性のある化学物質が混ざっているものもある。コニインは方向感覚を失わせる働きがあるので、虫が壺に落ちやすくなる。

サラセニア属の壺の中には雨水と壺の内壁から分泌された消化液が入っていて、そこに落ちた獲物は溺れ死んでからゆっくりと消化される。ムラサキヘイシソウなどの壺はふたがなく、比較的背丈が低くて地面にうずくまっているように見える。これは雨水で満たされているが、消化液はほとんど、あるいはまったく含まれていないため、消化はおもに水中の微生物などの力を借りて行われる。

ダーリングトニア（*Darlingtonia californica*）

ダーリングトニア属にはダーリングトニア・カリフォルニカ種しかない。その名のとおりアメリカのカリフォルニア州北部――と、厳密にはオレゴン州南部――の原産で、サラセニア属と同じサラセニア科に属している。

和名のランチュウソウは膨らんだ葉の先から尾のようなものがたれているのを金魚のランチュウに見立てたものだが、英語名は同じ形を、舌を出したコブラに見立ててコブラプラントという。その「舌」にあたるところには蜜を出す腺があり、獲物をおびき寄せることができる。コブラの舌に止まった虫は甘い蜜の流れた跡をたどって舌の根元、つまり壺のせまい口まで上っていく。そして壺の最上部にある広くて明るいドームにたどりつく。

ドームの屋根と横壁の面は半透明で、色のついたまぶしい陽光がちらちらと差しこんでいる。このちらちらする光と色のせいで獲物は方向感覚を失い、入ってきた小さく暗い壺の入り口から出ることができなくなる。明るく見える上に向かって飛んでみても、壺の内壁はすべりやすく、下向きに繊毛が生えているので、どこにも足をかけて止まることができない。そうこうするうちに疲れきり、完全に方向感覚をなくした獲物は壺の液の中へと落ちていく。

北アメリカに見られるピッチャープラントのほとんどは大きく口を開いた壺をもっているが、頭巾をかぶったような形をしたコブラプラントの壺には雨水が入らない。したがって壺の中にあるのは自分で分泌した液体だけだ。ということは液体の量を自分で調節できるわけである。分泌される液体そのものには消化酵素は含まれていない。この植物は、自分の壺に住みついているバクテリアに獲物の消化をさせているのだ。

サラセニア科の他の植物と同じで、この植物の花も下向きに咲く。冬になれば地上部は枯れて地

カリフォルニア北部の自生地に育つランチュウソウ（ダーリングトニア・カリフォルニカ）。

下で休眠する。種子でも増えるが、地下に匍匐茎を伸ばし、離れた場所に同じ遺伝子をもつクローン体の群落を作ることも多い。

ヘリアンフォラ属（*Heliamphora*）

ヘリアンフォラ属もサラセニア科に属する食虫植物である。この属には現在24種が確認されているが、すべてが南アメリカのギアナ高地にあるテプイ（テーブルマウンテン）にだけ分布している。サラセニア属に似た捕虫葉をもつが、壺にふたらしいふたがない点が異なる。ダーリングトニアと同じく消化酵素を自力で産生せず、獲物の

ヘリアンフォラの特徴である蜜を分泌するスプーン状の突起が壺のふちに見える。

消化は微生物によるものが多い。

ヘリアンフォラ属の自生地は雨季にはほとんど常に雨が降っている。したがって壺はほとんど常に雨水で満たされている。しかしせっかく捕らえた獲物があふれた雨水といっしょに壺の口から流れ出るのを防ぐために、口の近くに小さな排水口がいくつかある。排水口には繊毛のフィルターがついていて、水は排出しても獲物は逃がさない仕組みになっている。[34] 自生地は雨が多いだけでなく、乾季には強い陽光が照りつける。英語名のサン・ピッチャー（太陽の壺）はここからきたと言われている。

ヘリアンフォラ属は、サラセニア属などの壺ならふたがある位置に、蜜を出す小さな突起（スプーン）がある。虫は蜜に誘われてそのスプーンに止まる。ところがこのスプーンの上は非常にすべりやすくできているので、虫は水に満たされた壺に落ちてしまうのだ。溺れる虫は壺に住みついているバクテリアなどの微生物によって分解され、その養分は壺の内壁から吸収される。ヘリアンフォラ属の壺は種によっては高さ45センチにもなる。壺の色

本来はパイナップル科の着生植物であるカトプシス。2016年のヴィクトリア州食虫植物協会の展示会に出品されたもの。

は緑、オレンジ、赤などさまざまである。この植物も地下の匍匐茎を伸ばして増えることができる。

パイナップル科の食虫植物

パイナップル科で食虫植物と見なされているものもいくつかある。たしかにパイナップル科の植物の多くは「じょうご」のような形の葉をもっていてそこに雨水をためるが、ほとんどのものはそれで獲物を捕らえるわけではない。しかしパイナップル科ブロッキニア属（*Brocchinia*）の2種（ブロッキニア・ヘクティオイデス *B. hectioides* とブロッキニア・レドゥクタ *B.*

reducta）は、南アメリカのガイアナとベネズエラにまたがるギアナ高地に自生する食虫植物である。縦長で筒状をした葉で構成されていて、いかにも食虫植物らしく見える。

パイナップル科カトプシス属（*Catopsis*）にも、カトプシス・ベルテロニアナという食虫植物がある。これはもともと着生植物で、他の木の枝に着生して成長する。葉に雨水をため、そこに落ちた虫や落ち葉などから養分を得る。葉はロウのような性質をもつ白い粉でおおわれ、その粉が虫の動

パイナップル科の食虫植物、ブロッキニア・レドゥクタ。

きを妨げる働きをしている。この植物は南アメリカからフロリダ南部までの熱帯域にひろく分布している。

ゲンリセア属（*Genlisea*）

ゲンリセア属はピッチャープラントではないが、非常に細いチューブ状の葉を地下に伸ばし、それを使って獲物を捕らえる食虫植物で、約30種が知られている。[35] 南アメリカとアフリカに分布し、他の多くの食虫植物と同じく養分に乏しく湿った土壌に生育している。タヌキモ属にきわめて近い植物である。

地上部だけ見れば、ゲンリセア属は緑色の葉を小さなロゼット状に茂らせる他の植物によく似ている。この姿を見ただけでは「コルク抜き Corkscrew」という英語名を聞いてもピンとこないが、その由来はこの植物の地下の姿だ。地下を見れば、根のかわりに茎から直接湿った土壌の中に向かって、葉緑素をもたない白色の葉が伸びている。根のように見えるその細い葉は、コルク抜きのようにねじれて内部に一種のトンネルを形成している。その小さなすき間から地下にいる非常に小さな虫が入ってくるのだ。トンネルは狭く、内側には上向きに無数の繊毛が生えているので、いったん入りこんだ虫は上へ上へと進んでいくことになる。そして最後には上のほうにある少し広がった部分に入ってそこで消化吸収されるのだ。

第2章 食虫植物と他の生物との相互関係

自然界では動物と植物との相互依存的な関係は珍しいことではない。じつは食虫植物の世界にもそうした関係――一種のパートナーシップ――は存在し、それに関する新しい発見が研究者によっていくつも報告されている

食虫植物と虫との関係でもっとも平和的でよく知られているものは、授粉の仲立ちである。雄しべの花粉を雌しべに運んでくれる虫を食べてしまうことが、植物にとって有益であるはずがない。そんなことにならないように、食虫植物は花を捕虫器から離れた高い位置で咲かせる作戦をとっている。花を高い所で咲かせれば、飛んでいるハチなどがそれを見つけやすいという利点もある。サラセニアの場合は、新しい捕虫葉が生えてくるよりずっと早く花を咲かせる工夫もしている。

しかし食虫植物と虫とのそれ以外の関係の多くは、やはり食虫植物が虫を捕らえて養分を得る目的のために結ばれた関係である。多くの植物にとって、虫を捕らえて養分を得ることは決して容易なことではない。助けを借りられるものなら借りたいのだ。そのための食虫植物と動物との複雑な

ムシトリスミレの花。

関係は、単細胞の原生動物からコウモリやツパイ［東南アジアの熱帯雨林に生息し、昆虫や果実を食べる原始的な哺乳類］まで、さまざまな動物とのあいだに見ることができる。また、その生涯の一時期だけ食虫植物としてふるまい、それ以外は普通の植物のようにふるまうものもある。食虫植物のふりをして獲物を捕らえたのに食べないでもてあそぶだけ、という植物もある。

◉食虫植物と動物との関係

食虫植物が他の生物の助けをいちばん必要とするのは消化の段階である。複雑な構造をもつ有機体を分解するには、その対象ごとに異なるさまざまなプロセスが必要だ。私たち人間にしても、食べたものを消化するには他の有機体（腸内にいる何十億個ものバクテリア）に消化作用の一部をたよっている。

食虫植物の中には自分では消化酵素をまったく産生せず、他の生物（バクテリア、原生動物、昆虫など）に獲物の消化をまかせるものもある。その場合、結局のところ食虫植物はそれらの「助手」の排泄物を吸収しているわけだ。動物の糞には植物が必要とする養分がすべて含まれていて、しかもすでに消化されているのだから容易に吸収できる。消化をしてもらう見返りに、植物は「助手」たちに安全な住みかを与え、食べ物など必要なものを提供している。ウツボカズラ属でも壺に入った植物質のものから養分を得るものもあり、その場合は消化にいろいろな生き物の力を借りることがさらに多くなる。

南アフリカに自生するロリドゥラ属は、他の生き物に完全に消化をゆだねているユニークな食虫

ウツボカズラの捕虫壺。

植物である。葉がねばねばした液でおおわれていることからダーウィンは1870年代にこれを食虫植物に分類したが、その後、自分では消化液を産生していないことが明らかになったので「半食虫植物」あるいは「前食虫植物」と見なす研究者もある。

葉をおおう腺毛からねばねばした液を出している点はモウセンゴケに似ているが、ロリドゥラが分泌しているのは樹脂性の物質である。この液は消化酵素を含んでいないので、粘着性のある葉で捕らえた獲物を自力で消化することはできない。[1] そこでカメムシの一種（メクラカメムシ科）に獲物を食べさせ、消化させる。不思議なことに、このカメムシはロリドゥラのねばねばした葉に捕らえられることなく自由に動きまわることができる。捕らえられた獲物を見つけると、とがった口先を獲物に突きさし、体内の組織を吸いとって消化する。そしてロリドゥラの葉に糞をするのだ。ロリドゥラはこの糞から養分を吸収するのである。その意味ではロリドゥラは食虫植物というより「糞食性」植物と呼ぶほうが正しいのかもしれない。

ビブリス属もロリドゥラ属と同じような関係をカメムシの一種と結んでいる。[2] さらにオーストラリアに分布するモウセンゴケのいくつかも獲物の消化を別のカメムシの一種にたよっている。いずれの場合も、消化をになうカメムシと植物とは共生関係にあり、植物の出す粘液にカメムシが捕らえられることはない。[3]

ピッチャープラントの中には、他の生き物とのあいだに非常に複雑精妙な関係を結んでいるものもある。そうした植物のほとんどは少なくとも多少は消化酵素を自分で産生しているのだが、ダーリングトニア属など一部のものは、捕虫壺に住みついている微生物に完全に消化をまかせている。

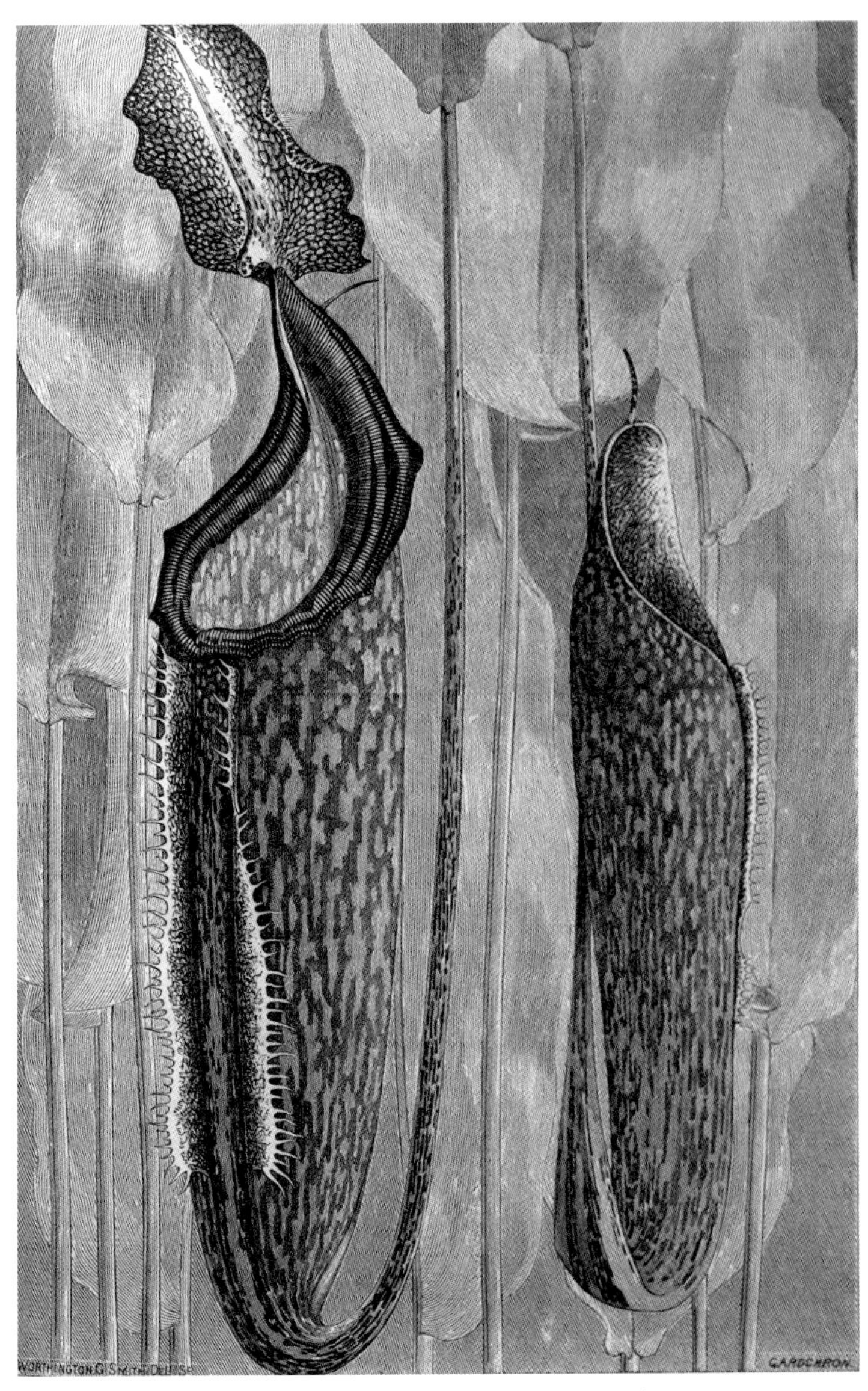

ムラサキウツボカズラ。『植物図譜 *L'Illustration Horticole*』（1888年）より。

サラセニア（ヘイシソウ）属のいろいろ。

しかし筒状の捕虫器をもつ他のほとんどの食虫植物と違い、ダーリングトニアの壺には雨水が入るのを完全に防ぐことのできるふたがある。したがって壺の中には自分が産生した液体しか入っていない。つまり壺の中の液体の量や成分を自分でコントロールできるわけだ。そこで、ダーリングトニアは液の中の微生物の量や機能を調整する特殊な能力を身につけている。

同じようにヘリアンフォラ属のほとんどの種（しゅ）も、消化をほぼすべて微生物にたよっている。ヘリアンフォラ属の場合は非常に雨の多い地域に自生しているのに捕虫器にふたがないため、捕虫器内の液体は常にあふれ出ている。それを補うために休みなく消化酵素を産生することは、植物にとっては大きな負担である。それくらいなら消化は微生物にまかせてしまうほうが経済的なのだ。サラセニアの一種であるムラサキヘイシソウも、捕虫器の口が大きく開いていて雨水が入りやすく、中の液体の濃度をたもつことができないので消化の大部分を微生物にたよっている。

ハエや蚊の幼虫も捕虫器の壺の中によく入っている。サラセニア属の壺の中にいるウィエオミイア・スミティイ（*Wyeomyia smithii*）という蚊の幼虫は、驚いたことに壺の強酸性の消化液の中でも生きていられるらしい。同様にサルコファガ（*Sarcophaga*）というハエの幼虫も壺の液体の中で生きている。[4] サラセニア属とウツボカズラ属の壺の内側には、確実に入ってくる獲物を横取りするチャンスをねらってたくさんのクモが住みついている。壺の持ち主のほうも、クモが獲物の中身を吸いとったあとの残り物が必ず壺の中に落ちてくるので、それなりの利益を得ている。

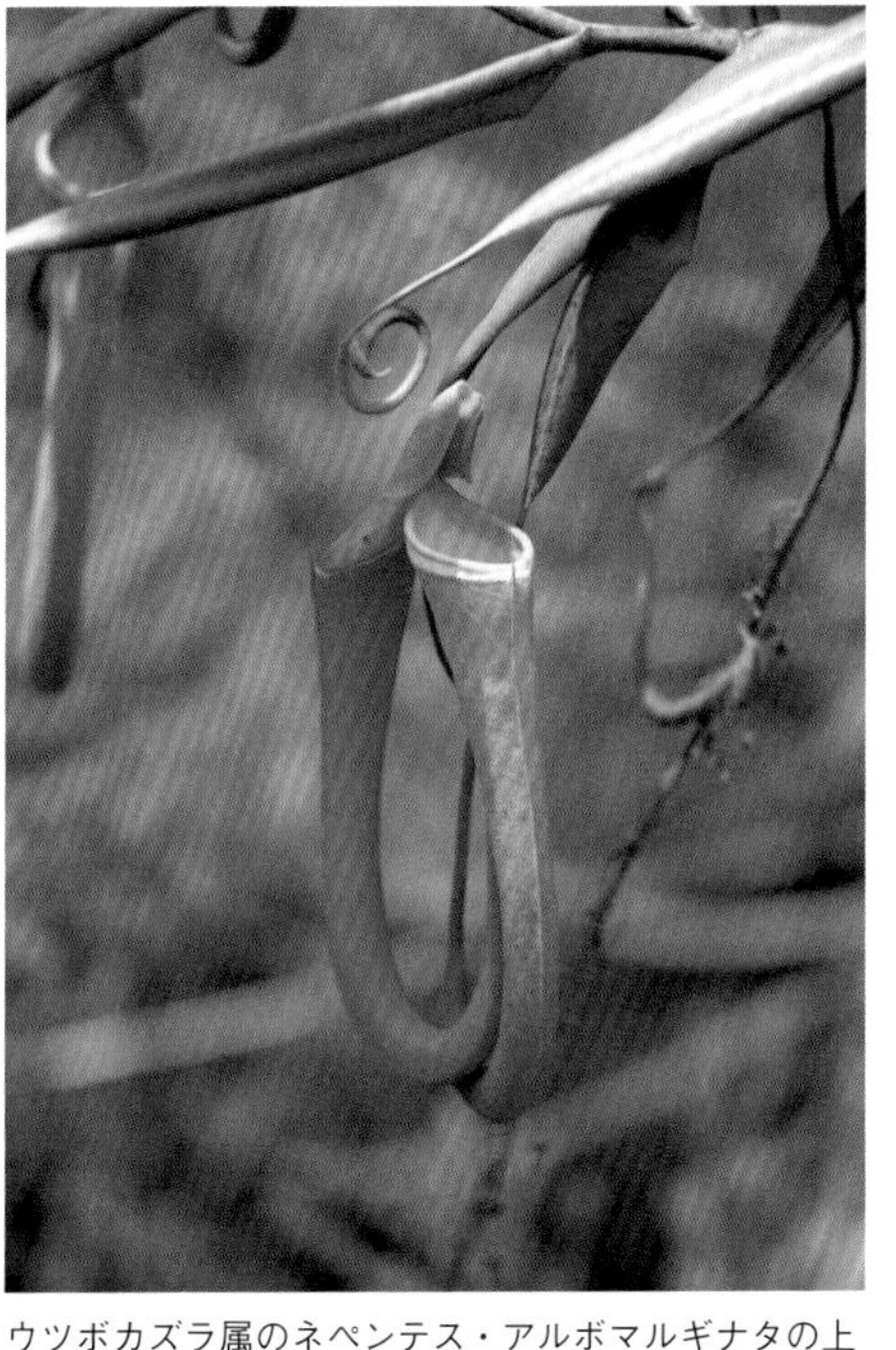

ウツボカズラ属のネペンテス・アルボマルギナタの上部にある緑色の長い捕虫壺。

そのうえ養分を吸ったクモは壺の中に養分をたっぷり含んだ糞を落としてくれる。[5] 東南アジアでは、ウツボカズラ属の壺の内側で暮らす生き物が100種以上確認されている。驚いたことに、そうした生き物の多くは食虫植物の壺の中という限られた世界だけで生きていて、他の場所では見られない。[6]

ウツボカズラ属の獲物の大部分はアリだ。ところがオオアリ属の一種カンポノトゥス・シュミチ（*Camponotus schmitzi*）というアリは牙のような2本のトゲをもつネペンテス・ビカルカラタとのあいだに複雑で面白い関係を築いている。[7] このアリはネペンテス・ビカルカラタの中空になっている巻きひげ状の茎（もともとの葉と壺をつないでいる）の中に住みついていて、すべりやすい壺の内壁や口の周囲を自由に歩くことができるらしい。しかも水陸両生らしく壺の液体の中を泳ぎ、中で溺れた獲物をつかまえて持ちかえり、食べてしまうのだ。壺の持ち主であるネペンテス・ビカルカラタにとっては、このアリが液の中で腐敗していく獲物の死骸が増えすぎないようにコントロールしているおかげで、自分自身の消化機能を一定の水準にたもつことができるという利点がある。さらに、食虫植物と共生する他の生き物と同じようにこのアリも壺の中に糞を落とし、それに含まれる未消化の養分を植物に提供してもいる。[8] ほかにも、このアリはネペンテス・ビカルカラタを食べに来る最大の敵、ゾウムシが来ないように見張る番人の役目を務めている。ゾウムシが1匹でも来たら、このアリはすぐさま攻撃する。ほかの虫が来ても見向きもしないこのアリが、である。[9]

大型で黒いトゲアリの一種ポリルハキス・プルイノサは、ネペンテス・ビカルカラタの壺のふたから下向きに出ている2本のトゲにある蜜を目当てにやってくる。そしてすべりやすいトゲで足を

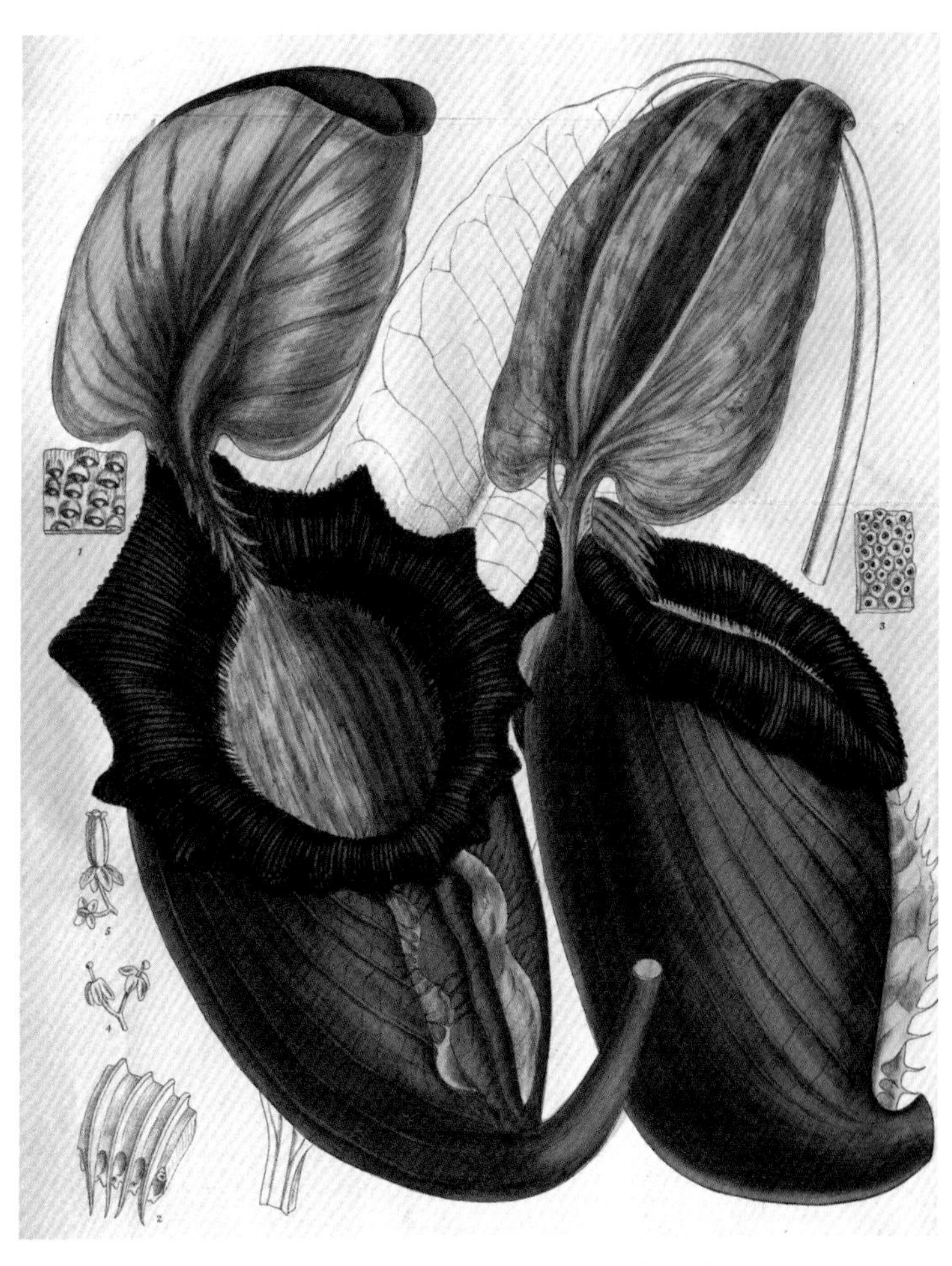

オオウツボカズラ。『カーティス・ボタニカル・マガジン』（1905年）より。

踏みはずし、かならず壺の中に落ちる。この種のアリがネペンテス・ビカルカラタの（ということはそこに住みついているアリ、カンポノトゥス・シュミチにとっても）おもな栄養源になっている。[10]

ウツボカズラ属の壺の中で暮らす、あるいは壺の中に産卵するカエルもいる。たとえば小型のアオガエル科フィラトゥス属の一種はネペンテス・ビカルカラタやネペンテス・ヒルスタなどの壺の中に産卵する。ただし壺の中の酸性の液体からオタマジャクシを守るため、非常に大きな卵を2～3個だけ産む。オタマジャクシは、酸性の液の中で泳がなくてもいいように、この卵の中で小さなカエルの形になるまで成長するのだ。十分に成長した子どものカエルは、卵から出るとすぐに壺から外に跳び出す。[11]またヒメアマガエル属の一種には、壺の液体への耐性を身につけたものもあるようだ。そのカエルはウツボカズラ属の一種ネペンテス・アンプラリアの壺の中に産卵し、卵からかえったオタマジャクシは壺の液体の中を泳いで成長する。カエルの形になると壺から飛び出していき、自分が産卵するときになるとまたもどってくるのだ。[12]

カエルは、サラセニア属のムラサキヘイシソウやヘリアンフォラ属の壺の中にもしばしば見られる。それらの植物の壺の液体には消化酵素がまったく、あるいは少量しか含まれておらず、おもに雨水がたまっているだけなので、カエルが出入りして虫などの獲物が入ってくるのを待つにはうってつけの場所なのだ。これまで見てきたように、植物のほうもカエルに獲物を横取りされてもかまわないはずだ。獲物の消化はカエルにまかせ、カエルが壺に落とす糞から養分が得られるのだから。カエルにしても、安全で居心地のいい住みかとエサが提供される壺の中は天国のようなものだろう。

ウツボカズラ属の一部（特にボルネオに自生するシビンウツボカズラやオオウツボカズラ）と哺

ムラサキヘイシソウ。『カーティス・ボタニカル・マガジン』（1849年）より。

オオウツボカズラを訪れたタカネクマネズミ。

乳類（とくにヤマツパイおよびタカネクマネズミ）のあいだにも、相互依存的な関係が見られる。植物のほうは壺のふたから蜜を出してそれらの動物に食べさせ、動物は壺の中に糞をする。オオウツボカズラの壺は特に大きく、ツパイやクマネズミはその口の縁に立って蜜を食べることができる。その体勢だと「お尻」がちょうど壺の口の上にくるわけで、しかもこの動物たちは蜜を食べはじめるとすぐに排便を始める。ヤマツパイは日中に、タカネクマネズミは夜間にこの壺を訪れることが観察されているので、動物にしてみればどちらも新鮮な蜜を得ることができ、植物にしてみれば昼夜を通して確実に糞の養分を得ることができるわけである。[13]

これらのウツボカズラ属の蜜に誘われる鳥もあり、ボルネオ島の固有種メグロメジロはシビンウツボカズラの壺の口の縁に止まって蜜を食べ、やはり糞を壺に落とす。[14] もちろん、こうした関係が完全に互恵的なわけではない。鳥が壺の液体に落ちた虫をひろって横取りする光景は珍しくない。しかしそのような場合にも、鳥は植物が消化に苦労するような比較的大きめの虫を取っているようだ。

ボルネオ島におけるウツボカズラ属の一種ネペンテス・ヘムスレヤナ（*Nepenthes hemsleyana*）とハードウィック・ウーリー・バット（*Kerivoula hardwickii*）のあいだにも興味深い関係が見られる。この小型のコウモリはウツボカズラの壺の中で眠る。壺の内部には、まさにそれが目的だとしか思えないほどコウモリが眠るのにぴったりの棚のようなものがあり、そのおかげでコウモリは壺の下のほうまで滑り落ちることはない。またこのウツボカズラの壺は他の種のものより長めで液体の量も少なめになっているので、コウモリが濡れることもない。ただしコウモリは昆虫だけが目当てなので

ムラサキウツボカズラ。『カーティス・ボタニカル・マガジン』（1890年）より。

はない。壺のふたからは甘い蜜が出ていて、それもまたコウモリを誘っているのだ。[15] 壺の広さは十分にあり、このコウモリのつがいと1匹の子どもがひとつの壺におさまっていることもある。コウモリにしてみれば、壺の中にいれば寄生虫もまず寄ってこないし、雨風をしのぐこともできて都合がいい。そのお返しに夜のあいだに壺の液体からひろって食べた虫を消化して糞を落とす。植物にとってはそのほうが養分を吸収しやすい。この種のウツボカズラは、必要な養分の約半分をコウモリの糞から得ているものと考えられている。

さらに驚くべきことに、このコウモリは暗闇のなかでも、うっそうと茂る森の木々の中からウツボカズラの唯一の種の、先住者のいないからっぽの壺を見つけることができる。その地域には他にも似たようなウツボカズラ属がたくさん自生しているにもかかわらず、である。このコウモリは喉をふるわせてキーキーと甲高い音を出し、反射されてくる音波の中から特定のものだけをたどって自分の住みかとなり得る壺を見つけている。求めるウツボカズラの壺の背面側はゆるやかな凹面になっていて、このコウモリが発する超音波を幅広い角度に反射する。[16] そのおかげで、このコウモリは離れた所からでも求める唯一の反響音をたどって壺にたどりつけるのだ。めったにないことだが、求める種のウツボカズラがほとんど見つからない場所で、別の種の壺の中で寝ているこのコウモリが発見されることもある。しかしそれは、その壺の中に液体がない――つまり傷んでいるか枯れている――場合に限られる。[17]

メキシコ原産のムシトリスミレ。粘液を出す腺毛におおわれた葉にたくさんの虫が捕らえられている。

◉雑食性の食虫植物

食虫植物の多くは、より正確に言えば雑食性である。たしかに虫やその他の生き物の糞も食べるが、植物性のものを食べる場面もしばしば観察されてきた。植物性のものも食べる食虫植物の存在を初めて指摘したのはチャールズ・ダーウィンである。彼はモウセンゴケについて「この植物は他の植物の花粉や新鮮な葉からも養分を吸収している……モウセンゴケ属が食虫植物であることは確かだが、花粉がたまたま風に飛ばされてモウセンゴケの腺毛の上に着地したり、周囲の植物の種子や葉が腺毛の上に落ちてきたりすることはある。したがってモウセンゴケ属は、植物性のものからもある程度の養分を得ているのだ[18]」。ダーウィンはさらに、ムシトリスミレについても同様の見解を示している。

形ばかりの根しかもたないムシトリスミレは、

腺毛におおわれた葉で捕らえる虫をおもな栄養源にしているが、その葉に落ちてきた他の植物の花粉、葉、種子などからも養分を得ている。したがってある程度は雑食性ということもできる。[19]

ダーウィンと同時代の博物学者アンドリュー・ウィルソンは、ムシトリスミレに見られるこのような食習慣は植物食ではなく、共食いと見るべきだと主張した。「最後に、植物組織の断片や花粉も

ウィリアム・ミラーが描きG.クックが版画にしたムシトリスミレの図版。イギリスの園芸業者ジョージ・ロッジディーズが刊行した『ボタニカル・キャビネット』誌（1818年）より。

スマトラ原産の食虫植物、ツボウツボカズラ。ただし食虫植物としてすごすのはわずかな期間だけだ。

ムシトリスミレの葉の上に見られること、ムシトリスミレは周辺の植物を食ってしまう共食いのような習性をもつことがこれまでに指摘されている」[20]。食虫植物に関して「共食い cannibal」という言葉を端的に使ったのはウィルソンが最初のようである［cannibal には人食いの意味もある］。以後数十年にわたり空想上の人食い植物のうわさが広まり、いつのまにか「共食い」植物より「人食い」植物の話題がうわさの中心になってしまった。

比較的最近になってウツボカズラ属の一部、とくに根元に壺をつけるツボウツボカズラ（*Nepenthes ampullaria*）が基本的には草食であることが明らかになった。このウツボカズラの壺は口が大きく開き、蜜を出している様子はなく、必要な窒素成分のほとんどを頭上から壺の中に落ちてくる周囲の深い森の木の葉から得ているらしい。[21] それと対照的なのがハエトリグサで、こちらはもっぱら動物性の食事をとっている。ある専門家の指摘するところでは、ハエトリグサが消化酵素を産生し消化を始めるためには、機械的な刺激――つまり生きた虫が動くこと――が必要であり、動かない植物性のものから養分を得ることは少ないだろうということだ。[22]

食虫植物が何を食べるにしても、食虫植物と他の多くの植物との決定的な違いは、養分を得るために何をするかという点である。食虫植物とは、少なくとも私たち人間の視点から見れば、虫であれ小さな動物であれ、植物の花粉や葉であれ、あるいは生き物の糞であれ、とにかく自分に必要な養分を得るための何かを、特別に進化させた葉を使っておびき寄せ、捕らえ、消化して吸収する能力（ひょっとしたら意図も）をもっている植物と言えるだろう。

◉一時的な食虫植物

食虫植物といっても、限られた期間だけそうなるものもある。食虫行動にはそれなりのエネルギーが必要で、その苦労に見合うだけの結果が得られなければ意味がない。多くの食虫植物は冬季には休眠する。寒いときには植物の代謝機能が落ちるという理由もあるが、獲物の虫があまりいないからでもある。暖かい季節のほうが獲物がたくさんいるのは明らかだ。ムシトリスミレ属の多く、とくにメキシコ原産のピンギクラ・デベルティアナ（*Pinguicula debbertiana*）、ピンギクラ・マクロフィラ（*P. macrophylla*）、ピンギクラ・ジプシコラ（*P. gypsicola*）などは、冬になると腺毛のある捕虫器としての葉を多肉植物のように水分を多く含む葉に変える。これらのムシトリスミレの生育地は非

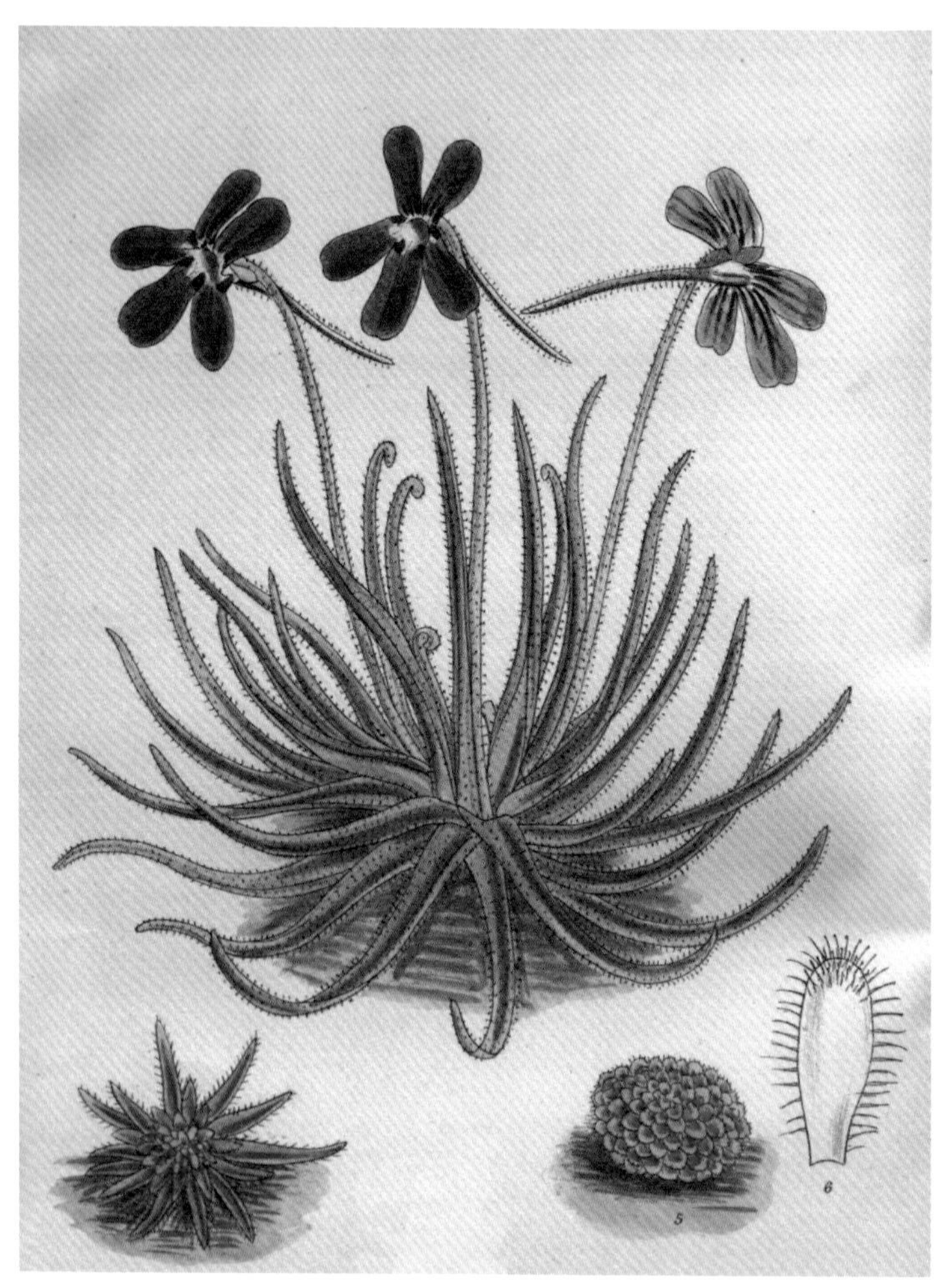

ムシトリスミレの一種ピンギクラ・ジプシコラ。『カーティス・ボタニカル・マガジン』（1915年）より。

常に乾燥した地域なので、これは理にかなった戦略なのだ。こうして多肉植物に変身した食虫植物はサボテンなど砂漠性の植物のわきによく見ることができる。[23]

一生のうちのある時期だけ食虫植物として生きるものもある。たとえば、オーストラリア原産のモウセンゴケ属の一種ドロセラ・カドゥカ（*Drosera caduca*）は成長段階の初期には粘液を出す捕虫葉をもっているが、ある程度成長すると、捕虫葉を作ることをやめて「普通の」植物としてすごす。[24]

さらに興味深い変化を見せるのが西アフリカの熱帯雨林に自生する木本性の蔓植物、トリフィオフィルム・ペルタトゥム（*Triphyophyllum peltatum*）だ。この植物は成長段階に応じて3種類の異なる葉をつける。そしてそのうちのひとつだけが捕虫器として機能するのだ。高さ1メートルまでの幼木のころは普通の葉を生やす。2～3年すると成長の第2段階に入り、食虫植物化する。この段階では、モウセンゴケとおなじように粘液を出す腺毛におおわれた細い葉で獲物を捕らえて消化する。第3段階に入ると捕虫葉は失われるが、それまでに蓄えたエネルギーを放出して蔓（つる）を伸ばし、鉤爪（かぎづめ）のついた葉を作って熱帯雨林の最上層まで45メートル以上をよじ登っていく。最上層まで達すると花を咲かせ、種子を作る。そしてその種子は、風にのって森の中を遠くまで運ばれるのである。[25]

◉捕った獲物をもてあそぶ

一定の範囲内だけで食虫植物のような性質を見せる植物は数多くある。そうした植物は虫を捕らえて殺すのだが、それを食べる——消化して養分を吸収する——ことはしない。その種の植物を半食虫植物あるいは偽食虫植物とみなす研究者もあり、完全な食虫植物となる進化の過程にあるとさ

ヒメヘイシソウ。壺のふたがオウムの頭状にふくらんでいる。

れることも多い。しかし、おもに身を守るために捕虫行動をとる——花に近づいたり葉を食べたりしないように虫などの動きを妨げ、場合によっては殺してしまう——植物もあることがわかっている。ハエトリグサにしても、その食虫植物としての性質が解明される以前は虫に食べられないための先制攻撃として虫を捕らえるのだと信じられていた。モウセンゴケやウツボカズラもかつては自己防衛のために虫を捕らえるのだと言われることもあったし、大自然の法則にしたがって地球上の昆虫類の数をコントロールするために捕虫行動をとるのだという主張さえあった。比較的最近では、冗談半分に擬人化して、これらの植物は自分の生命を維持するためというより、単に殺したいという衝動にかられて生き物を殺しているのではないか、などという説まで現れている。[26]

食虫植物でなくても、葉のくぼみなどに水をため、そこに落ちた虫を死なせる植物はある。たと

ウツボカズラ属のネペンテス・ビカルカラタの壺。ふたから下向きに生えている牙のようなトゲがある。

えばパイナップル科の植物の多くは重なった葉の根元に雨水をためている。そこをのぞいて見れば、たくさんの生きている虫や死んだ虫を見つけることができる。それでもパイナップル科で本当の食虫植物と認められているのは、これまでのところ3種しかない。ただし食虫植物とは見なされていないパイナップル科の植物でも、自分の水たまりで溺れ死んだ虫の腐敗した死骸からわずかなりとも養分を吸収しているはずだ、と考える研究者もある。たとえわずかでもそうした利益を得ることが何千年も続けば、それはその植物を本当の食虫植物へと進化させる要因となり得るかもしれない。[27]

食虫植物であるなしを問わず粘液を出す腺毛で虫を捕らえる植物はたくさんあるが、中でもオーストラリアに自生するトリガープラント（*Stylidium*）は面白い性質をもっている。この植物は虫と2通りのまったく異なるかかわり方をするのだ。まず、葉と茎をおおっている細かい腺毛の粘液でたくさんの虫を捕らえる。これはまさに食虫植物の行動だが、今のところそれらの虫から養分を得ているとは証明されていない。もうひとつの非常に珍しいかかわり方は、この植物の花粉を媒介する虫たちに対する素早い動きによるものである。トリガープラントの場合はハエトリグサのように虫を捕らえたり殺したりするために素早く動くわけではなく、虫や風によって葉に刺激を受けると素早く葉を閉じるオジギソウ（*Mimosa pudica*）のように身を守ろうとしているわけでもなく、じつは異花受精をするためなのだ。虫が花に止まると、雄しべと雌しべのある蕊柱（ずいちゅう）が1000分の1秒単位の速さで動き、花粉をたっぷりと虫にふりかけて花粉まみれにする。その虫は何も知らずに次の花に飛んでいって授粉するのだ。

トリガープラントの茎にはびっしりと腺毛が生えていて、その一部は酵素を産生していることも明らかになっているので、やはり食虫植物なのではないかという疑いは今も続いている。それに加えて、トリガープラントはほとんど例外なく養分の乏しい土地でモウセンゴケなどの食虫植物とともに自生しているという事実も、「食虫植物説」を後押ししている。もちろん、似ているとか近くにあるとかいう理由だけでは説得力がないが、さらに詳しく調査する必要を感じさせるには十分だろう。[28]

第3章　驚くべき発見

食虫植物の発見は多くの人々の世界観を根底からくつがえしたようだ。しかしその発見は、一朝一夕になされたものではなかった。もちろんほとんどの食虫植物は、そう呼ばれるようになるずっと前から存在を知られていたのだが、それらが虫を捕らえて食べるという事実が広く受け入れられるまでには、かなりの年月が必要だったのである。

それらの植物の多くは、そもそも「どこか普通とは違う」と認識されてはいた。強力な医薬効果があるとされていたものもあり、神秘主義者に珍重されるものもあった。北ヨーロッパでは、ムシトリスミレが抗菌薬として広く使われていた。人々はその粘液を羊や牛の傷にこすりつけ、感染症の予防や治療をしようとしていた。東南アジアではウツボカズラの口を閉じた壺に入った液を、目や皮膚の炎症の治療に使っていた。[1] 咳が出たり呼吸が苦しかったりしたときに、その液を飲むこともあった。[2] ボルネオ島のイバン族の間ではウツボカズラの壺には特別な力があると信じられていて、飼育している犬や豚がヘビやサソリにかまれないために、壺を燃やして作った灰をエサに混ぜて食

シンガポールで展示されていたウツボカズラの高い位置にできた捕虫壺。巻きひげのような蔓とは反対側を向いているのが特徴だ。

べさせていた。[3]

東南アジアに探検におもむいたヨーロッパ人は喉がかわいたときにウツボカズラを見つけ、この飲み水は天の恵みだと信じた。イングランドの博物学者ジョン・レイは『植物の歴史 *Historia Plantarum*』（1686年）でウツボカズラについて次のように書いている。

この液体の入った容器は完全に成長するまでは美しいふたで口を閉じられている。それを指でこじあけると、中には冷たくて口当たりのいい澄んだ水がたっぷり入っている。このような壺が6～8個もあれば人間ひとりの渇きをいやし、元気づけるのに十分な水が得られる。[4]

モウセンゴケも珍しい植物としてよく知られていた。人々はその葉についた「露」がいつまでも消えないように見えることが不思議だった。イギリスの植物学者ヘンリー・ライトは『新本草書 *A New Herball*』（1578年）でモウセンゴケについて次のように書いている。

この植物は非常に珍しい特徴をそなえている。太陽がどれだけ熱くどれだけ長くこの植物に照りつけても、まるで乾くことなく、つねに露をたたえているのだ。繊毛にはつねに細かい水滴がついている。太陽に照らされれば照らされるほど、たくさんの露におおわれるのだ。[5]

イギリスのマン島では、モウセンゴケが恋愛成就の「まじない」に使われることもあった。粘液におおわれた葉を「こっそり」好きな相手の衣服にしのばせるのだ。[6] ねばねばした葉で相手の心を捕らえられますように——そしてこの恋愛が成就したあかつきには、決して干上がることがありませんように——と願いをこめたのだろう。

もちろん、ウツボカズラの壺には腐敗しかけた虫がたくさん入っていること、あるいはモウセンゴケの繊毛にたくさんの小さな虫がくっついていることが知られていなかったわけではない。しかしその虫たちはたまたま運が悪かったのだろう、あるいは何か悪さをしようとした虫から植物が身を守ったのだろうなどと解釈され、それらの事実はほとんど注目されないままだった。大自然には虫が増えすぎないようにコントロールする巧妙な仕組みがあるに違いない、という見方さえあった。[7]

しかし、ひょっとするとそのような植物は虫を食べているのではないかと人々が考え始めたことで、それまで科学者や神学者が自明のこととして主張してきた生物の厳密な階層性に疑問をとなえる人も出てきた。従来の階層性では、植物は動物の下位にあることに疑問の余地はないとされていた。早い時期に植物と動物のあいだに生物としての上下関係はないと主張し、その後の研究への道を開いた勇気ある異端の研究者のひとりがイギリスの医師で植物解剖学者のネヘミア・グルーである。その著書『植物解剖学 *The Anatomy of Plants*』（1682年）の前書きに彼は次のように書いている。

植物の内部にも、動物の内部にあるものに少しも劣らない素晴らしいものがある。すなわち動物と同じように植物にもさまざまな体内器官があり、それを内臓と呼んでもさしつかえない。すべての植物がさまざまな器官をもち、その中にはさまざまな液体が入っている。また、植物もある程度は呼吸している。そして空気を吸うための、動物の肺に相当する器官をもっている。ある意味では、植物は製本する前の書物であり、動物はそれを製本した書物、あるいはいくつかの植物を1冊にまとめて製本した書物と言えよう。[8]

動物はいくつかの植物を1冊にまとめた書物だと言いきったグルーの発言は、動物と植物は基本的には同じものだという力強い宣言だった。両者の違いは構造の複雑さの違いにすぎないということだ。植虫類（サンゴチュウやカイメンなど植物に似た性質をもつ無脊椎動物）を研究していたイギリスの博物学者ジョン・エリスは、これに勇気づけられてハエトリグサの研究を始めた。そしてハエトリグサに関する初めての詳細な研究を発表し、捕らえた虫から養分を得ているらしいことを広

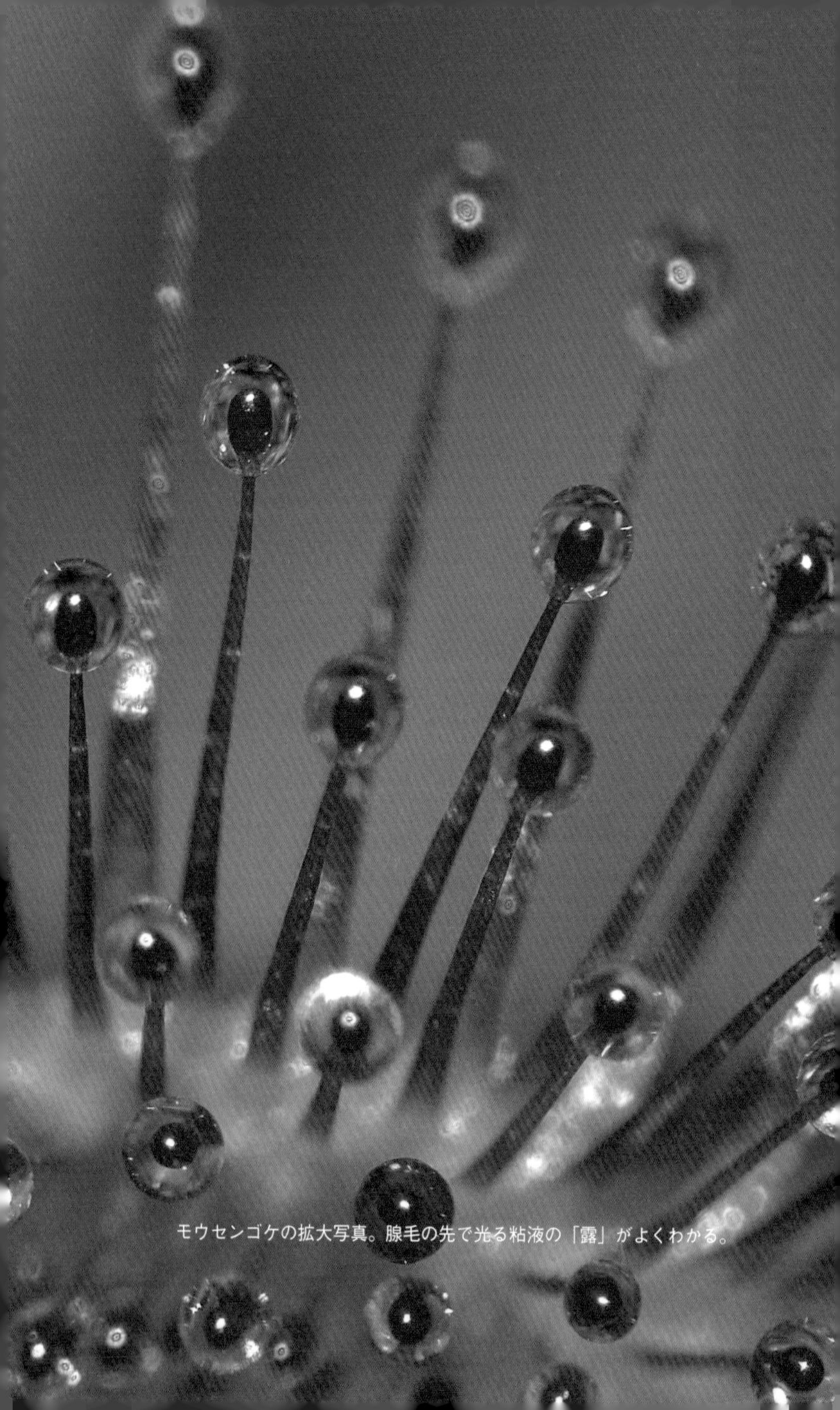

モウセンゴケの拡大写真。腺毛の先で光る粘液の「露」がよくわかる。

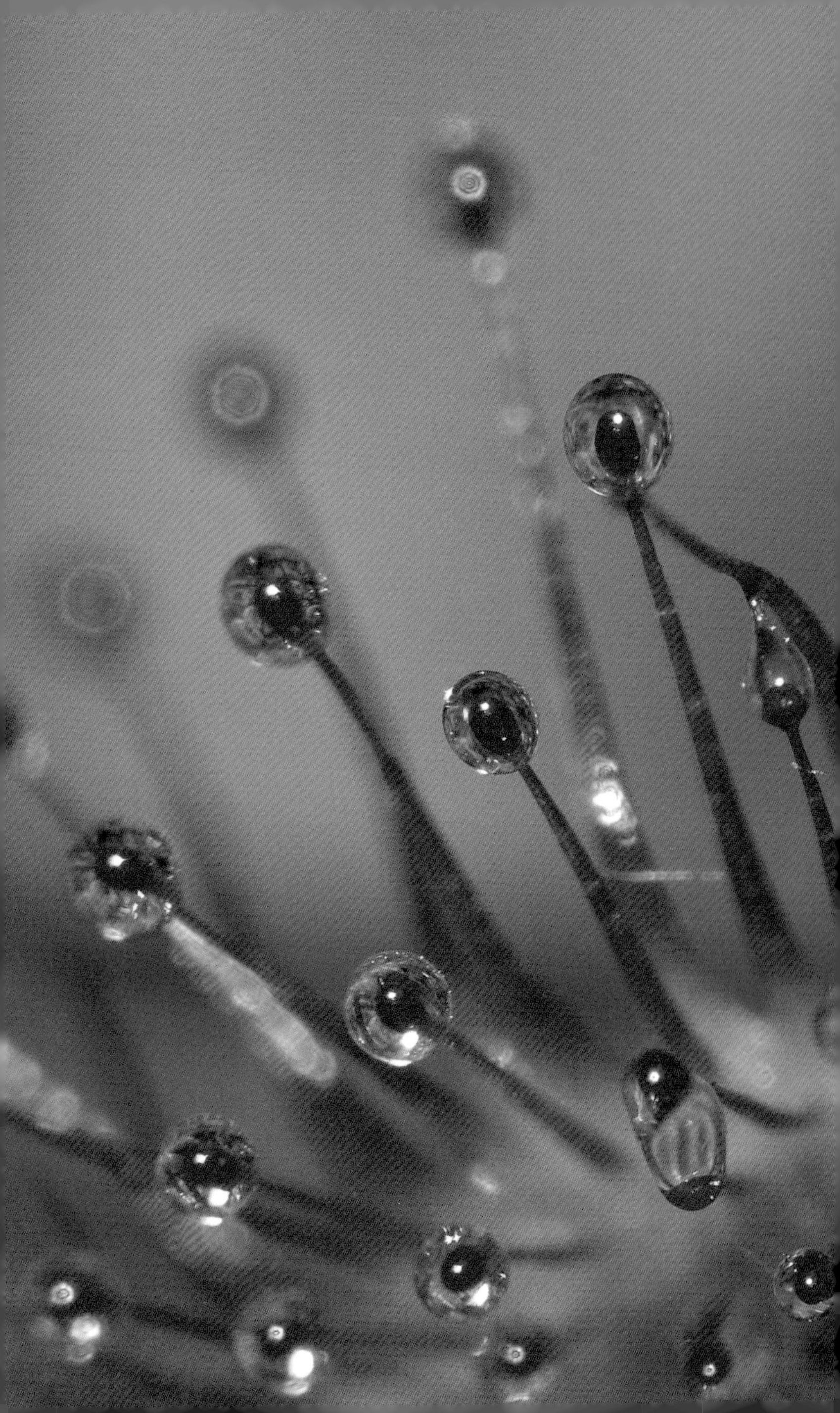

スペンサー・セント・ジョンの『極東の森の生物 *Life in the Forest of the Far East*』（1863年）に掲載されたネペンテス・ヴィローサ。

く知らせたのである。チャールズ・ダーウィンも植物と動物の境界に関する問題に嬉々として取り組んでいたようだ。ダーウィンの妻エマは1860年に友人のメアリー・ライエルに宛てて書いた手紙に「夫は今、モウセンゴケをまるで生き物のように扱っています。どうやらそれが動物であることを証明しようとしているようです」とあきれたように書いている。[9] ダーウィンと同時代の生物学者T・H・ハクスリーは「動物と植物との境界域が」拡大しつつある、として「誤りを避けるためにはハエトリグサやモウセンゴケなどは植物動物（vegetable animals）と呼ぶことにしよう」と書いている。[10]

◉ハエトリグサの発見

ハエトリグサはアメリカ、ノースカロライナ州の限られた地域だけに自生している。1759年、当時イギリスのノースカロライナ植民地総督だったアーサー・ドブズが、たまたま彼の所有地で発見した。その植物の特異な行動を目撃した彼は、イギリスにいる園芸家仲間のピーター・コリンソンに急いで手紙を書き「私は海岸沿いの入り江に小さな農園を手に入れた。私はここで何かが触れたとたんに素早く葉を閉じる植物を見つけたのだが、そいつはその葉で虫をつかまえるのだ。この植物は北緯34度の地域で生育し、35度の地域では育たない。私はここでタネを集めるつもりだ」と告げている。[11] 数か月後、ドブズはコリンソンにもう少し詳しい手紙を書いた。

接触に反応する性質をもつこの奇妙な未知の植物を見ると、植物の王国の不思議さを痛感せずにはいられない。非常に小さな植物で、葉はふたつの部分からできており、がま口の口を大きく開いた形のようにも見える。開いた口の両側にはトゲがあり、鉄製でばね式の狐を捕るワナと仕組みは似ている。何かが葉に触れるかふたつの部分の間に入るかすると、葉はばね式のわなの要領で素早く閉じて獲物を捕らえるのだ。この植物は白い花を咲かせる。私はこの驚くべき植物を「敏感なハエ捕りワナ Fly Trap Sensitive」と名づけた。[12]

今ではこの植物の和名はハエトリグサ、学名は *Dionaea muscipula* となっている。属名のディオナエアはギリシア神話の女神ディオネ（愛の女神アフロディーテの母親）の名前からとられたものだ。英語名の「ヴィーナスのハエとりワナ Venus flytrap」のヴィーナスはローマ神話の愛の女神なので、学名からの連想だろう。リチャード・メイビーはこの命名について「鋭い刃のついたワナのようなものをもつ植物と愛の女神の名前を結びつけるとは奇妙なことをしたものだが、かえって人々の想像をかきたてる結果となり、その名を書きこんだ手紙やパンフレットや版画が植物愛好家の世界を飛びかう結果になった」と書いているが、どうやらその通りらしい。[13]

「植物愛好家の世界を飛びかった」手紙の中には、鮮やかな赤色をした捕虫器の部分を遠まわしに女性の性器をさす俗語のニックネームで表現したものもあった。[14] アメリカの植物学者ジョン・バートラムもコリンソンに宛てた1762年8月29日付の手紙で「私のハエトリグサを見ると誰もが笑う。先日モントリオールから来たあるフランス人男性などは、大笑いしてこれを見たら笑わずにはいられないと言っていた」と書いている。実際にその植物をまだ見たことのなかったコリンソンは、

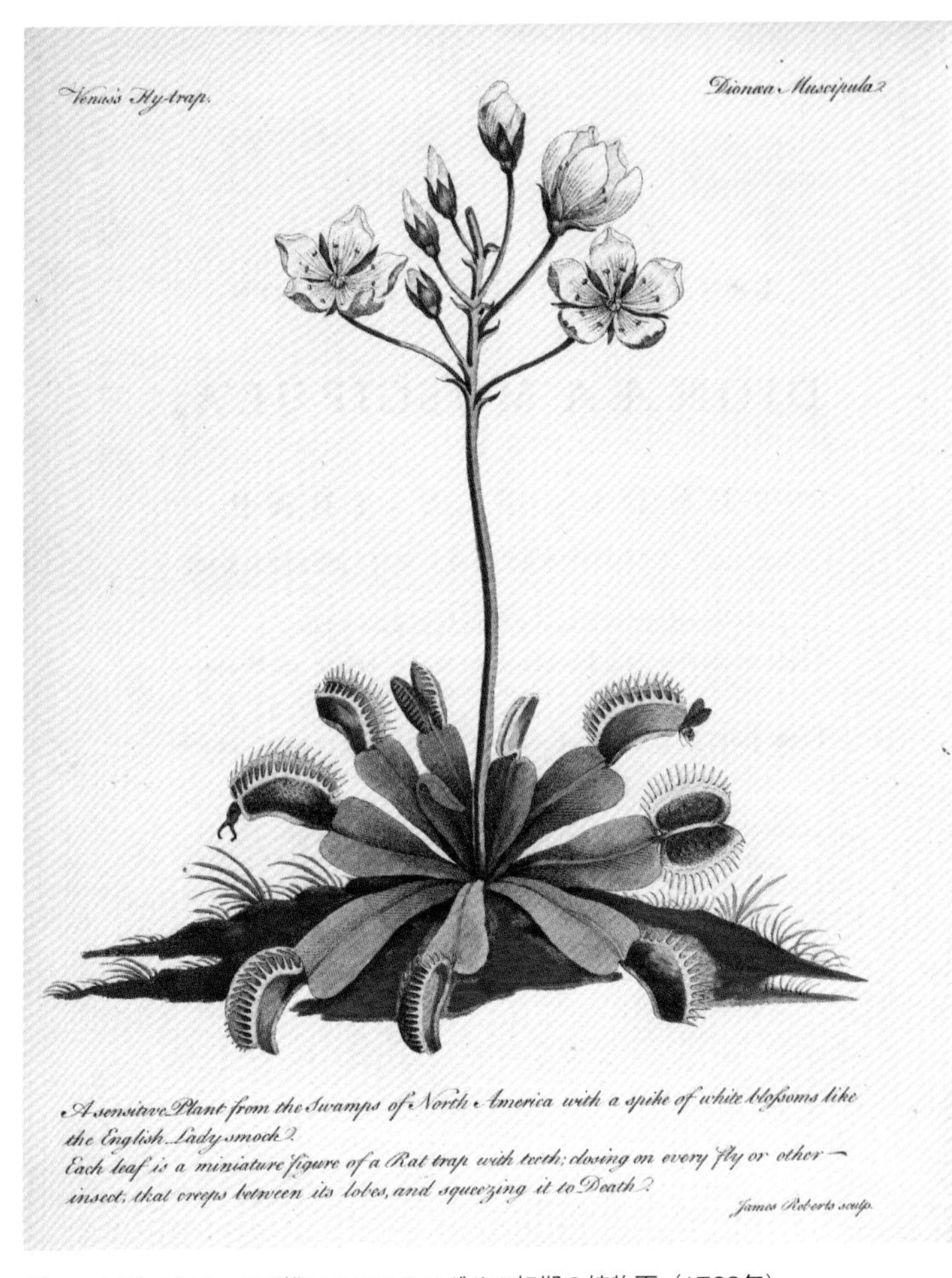

ジェームズ・ロバーツが描いたハエトリグサの初期の植物画（1769年）。

ハエトリグサの栽培種。接触により閉じるワナがたくさん見られる。

とがめるような語調で「そのフランス人が大笑いをしている一方で、私のほうはあなたのその植物の根か種子か標本がほしくてほしくてたまらない思いをしているのですよ」と返信したのだった。[15]

ハエトリグサの実物を手にいれた著名人のひとりにイギリスの博物学者ジョン・エリスがいた。彼はすぐさま、この植物の素早い動きとワナの巧妙な仕組みに魅了された。それと言うのも、エリスはそれ以前からサンゴチュウやカイメンなどの植虫類に関する書物を出版しており、植物界と動物界の境界を越えているように見える生物に深い関心をいだいていたのである。手に入れたハエトリグサをつぶさに観察した彼は、その奇妙な植物が虫を捕らえるだけでなく食べているのではないかという推測を誰よりも早く発表した。1768年に発表したこの植物に関する最初の論文で、彼はその学名をディオナエア・ムスキプラ（*Dionaea muscipula*）と定め「『ヴィーナスのハエとりワナ』という俗称も認めてもいいだろう」と書いている。そして多くの注目すべき特徴を記し「ヤスデ、クモ、ハエなどの虫を捕らえる能力は驚くべきものである。捕らえられた虫の運命はワナの中で押しつぶされるか、死ぬまで閉じこめられているかのどちらかだろう」とも書いている。[16]

エリス以外にも、植物界と動物界に共通する基盤を知りたいと考える人々は多かった。エリスの論文を読んだエディンバラ大学の学生ウィリアム・ローガン・ジュニアは、1769年に書いたエリス宛ての書簡に次のように書いている。

失礼かと思いましたが、どうしてもこの手紙を書かずにはいられませんでした。私は植物界と動物界をつなぐ鎖のようなものがあり、その両方の性質をもつ中間的な状態の、言わば水陸両生的な生き物が存在するという考えを捨てることができません。水陸両生の人魚の話もあります。アザラシは「海の犬 sea dogs」、アシカは「海のライオン sea lyons」と呼ばれています。動物界にはふたつの種類の特徴をもつコウモリのような存在がたくさんあります。植物界にそのような存在はあり得ないのでしょうか？　ハエトリグサの研究を進めて動物と植物の違い、自然界のありようを探究すべきではないでしょうか！[17]」

「人魚」まで引合いに出すこの問いかけは、エリスから見れば子供っぽく思われただろう。それでも彼は動物と同じように植物も、捕らえた多くの獲物から養分を得ることができるはずだという確信をもって、ハエトリグサの研究を続けた。

彼は1770年に出版した論文を料理にたとえて「自然に関する発見はどんなものでも御馳走だが、ここに記す発見は御馳走の大盤振る舞いと言える」と始め、次のように続けている。

ハエトリグサは何かが触れるのを感知すると葉を閉じ、葉の周囲にあるトゲでその閉じた口のすき間を檻のようにふさいでしまう。そこまではよく知られていることである。しかしそれだけでは、自然の巧妙な仕組みの目的を知ったことにはならない。やがて閉じた葉は開き、もと通りになる。ハエトリグサの全体と葉および花の図を添付するので見てほしい。どうやらこの植物は、自力で養分を得る能力を自然から与えられているらしいのだ。この葉は食べ物を捕えるための装置であり、その中には獲物となる不運な虫をおびき寄せるエサがある。[18]

エリスはカール・リンネに直接手紙を出し、ハエトリグサが虫を食べているという説を告げた。がんこな伝統主義者であるリンネは、そのような性質を植物がもつことは「神がお創りになった自然の秩序に反する」としてエリスの説をしりぞけた。[19]

それに続く100年以上のあいだ、ハエトリグサのような植物が生き物を食べているかどうかをめぐる論争が続いた。エラスムス・ダーウィン（チャールズ・ダーウィンの祖父）は、それらの植物は自衛のために虫を殺している可能性が高いと主張し「動物の耳垢（みみあか）がノミなどの小さい虫が耳に入るのを防ぐ役に立っているのと同じで、モウセンゴケのねばねばした腺毛は小さな虫が葉に群がるのを防いでいるのではないか」などと推測していた。[20]

生物学者のあいだで論争が続く一方、虫を捕らえる動きの珍しさとその一般的な呼び名に「愛の女神」の名前がついているせいで、ハエトリグサは一般大衆のあいだでも何かと話題になっていた。1830年にあるキリスト教関係の出版社が発行した小冊子では、性的なモラルを説くのにハエトリグサを引合いにだしている。その冊子は、ハエトリグサは虫を誘惑して葉の中に誘いこむが「虫がいったん入ってしまえばワナが閉じて、誰かが開けなければ出ることができない」と説明し、これは魅力にひかれて若い人がちょっと試してみようと入りこむと逃げられなくなる「罪深い快楽」と同じだ、いったんそのような快楽に溺れてしまえば神の慈悲にすがる以外に逃れるすべはない、と続けていた。[21]

●ウツボカズラの発見

もうひとつの珍しい植物であるウツボカズラの発見は、ハエトリグサの自生地とは遠く離れた場所からヨーロッパにもたらされた。東南アジアに住む人々のあいだでは何千年も前から存在を知られていたウツボカズラをヨーロッパ人が初めて知ったのは、1658年のことだった。その年に、マダガスカルのフランス植民地総督エティエンヌ・ド・フラクールが『マダガスカル島の歴史 *Histoire de la Grande Isle de Madagascar*』の中でおそらく世界初であろうウツボカズラの挿絵とともに紹介したのである。彼はその植物を「アンラマティコ *Anramatico*」と呼んでいたが、今ではマダガスカルウツボカズラ（*Nepenthes madagascariensis*）と呼ばれている。

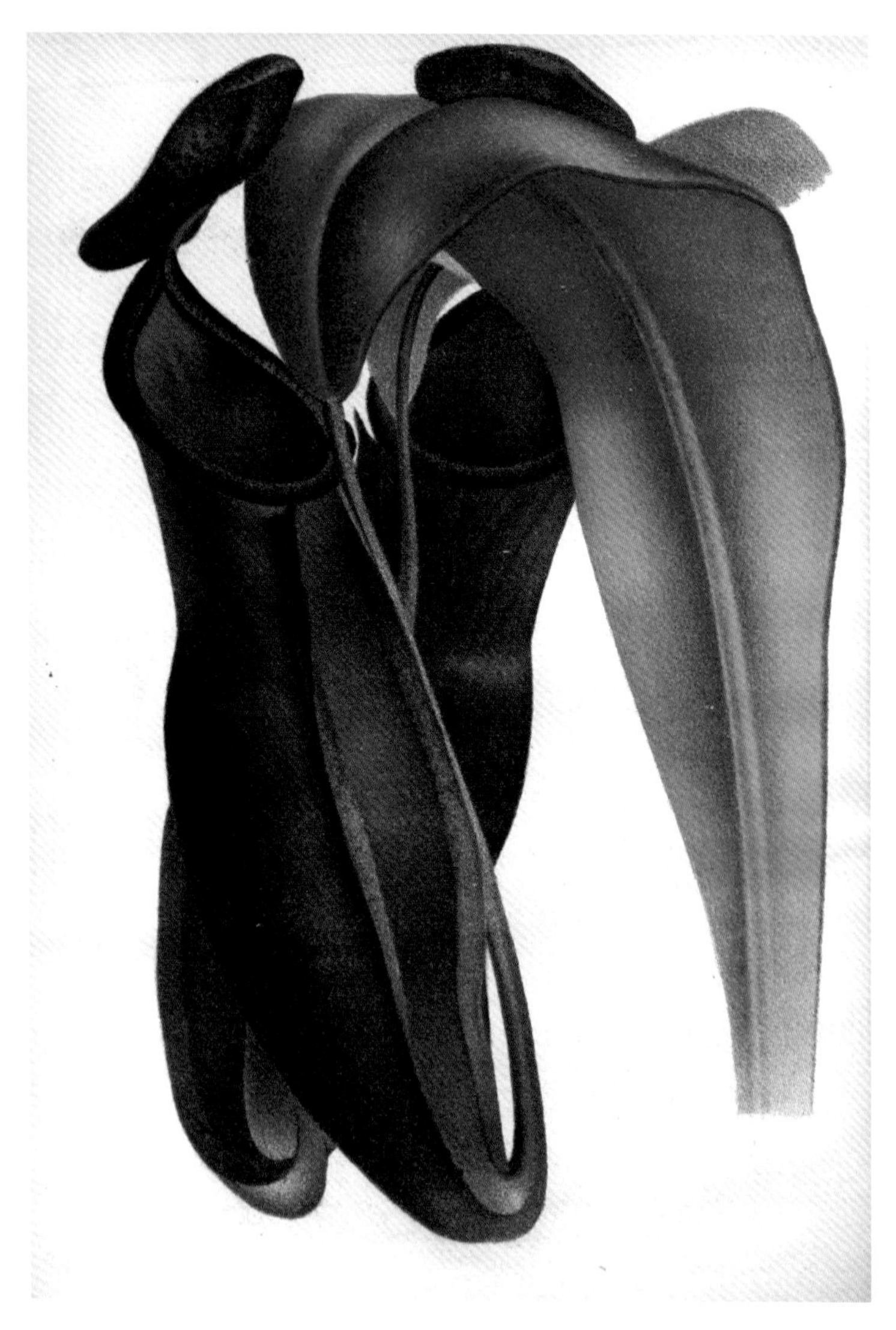

シャルル・アントワーヌ・ルメールの雑誌「園芸図譜 *Illustration Horticole*」に掲載されたネペンテス・マステルシアナ（1886年）。

それは高さ約90センチほどになる植物で、葉の先に長さ17センチほどの中空の壺のような実をつけている。その壺にはふたもついていて、とても美しい。壺には赤いものと黄色いものがあり、黄色のほうが大きい。この地の住人たちは壺を取ることを嫌う。もし誰かが壺を取ると、その日はかならず雨になると言うのだ。私も含めフランス人はみんな壺を取ってみたが、雨は降らなかった。雨が降れば壺いっぱいに雨水がたまる。ひとつの壺でコップ半分くらいの量は十分たまる。[22]

ド・フラクールの報告から数年後、スリランカで別の種のウツボカズラがヨーロッパ人によって発見された。これは現地語で「バンドゥラ」と呼ばれていたが、今はネペンテス・ディスティラトリア（*Nepenthes distillatoria*）と呼ばれる。[23] 1737年、カール・リンネは『植物の種（しゅ） *Spedies plantarum*』と題する書物を出版し、「ネペンテス」を正式の学名とした。

「ネペンテス」は、それを飲めば悲しみや苦しみをすべて忘れられる薬を意味するギリシア語の単語が起源で、ホメロスの『オデュッセイア』にも「彼女［ヘレナ］はその薬［ネペンテス］をワインに入れた。それを飲めば悲しみや怒りから解放され、あらゆる苦悩を忘れる薬を、彼らは飲んだ」とある。リンネは「この植物はヘレナのネペンテスではないかもしれないが、すべての植物学者にとってのネペンテスになるだろう。長い旅の果てにこの素晴らしい植物を発見したら、誰であれ賞賛を浴びることは間違いない。造物主がお創りになったこの見事な作品を目にすれば、驚愕のあまり彼はそれまでの苦難を忘れるに違いない[24]」

ネペンテス・ジュスティナエとネペンテス・ペルタータの交雑種の低い位置にある壺。

サラセニアの一種アミメヘイシソウ。ジョン・リンドリーとジョゼフ・パクストンによる『パクストンの花園 *Paxton's Flower Garden*』（1850年）より。

イギリスに初めてウツボカズラを紹介したのは、１７８９年にネペンテス・ディスティラトリアを王立植物園キューガーデンに持ちこんだジョゼフ・バンクスだったとされている。[25] その後の数十年間でウツボカズラ属の多くの種が発見され、徐々にヨーロッパにもたらされた。

植物愛好家でもあった医師ナサニエル・バグショー・ウォードによる「ウォードの箱」の発明は、１８３０年代の植物研究者や愛好家にとって画期的な出来事だった。これは基本的には持ち運びのできるガラス張りの小型温室のようなもので、いたみやすい植物のサンプルを長距離輸送するには最適だった。これのおかげで、ウツボカズラその他のさまざまな植物を船に積み、地球の反対側まで運ぶような長い航海をしても枯らさずにすむ可能性が高まったのである。こうしてウツボカズラ属は、１８６０年代にはイギリスを始めとするヨーロッパの国々や北アメリカの裕福な植物愛好家のコレクションに次々と加わるようになった。

◉食虫植物としての実態の解明

壺をもつウツボカズラ属とサラセニア属（和名ヘイシソウ）が食虫植物であることが判明する以前には、水の入った壺の役割についてさまざまな説が発表されていた。乾燥が続いて水分が不足したときのために水をたくわえているのだという見方もあった。壺の中に生きた虫がたくさんいるのを見て、虫がより大きい敵に食べられないように逃げこむ隠れ場所だと見る説もあった。喉の渇いた鳥などの生き物のために自然が用意した水飲み場だという説もあった。[26]

しかしＪ・Ｅ・スミスはその著書『植物生理学および植物分類学概論 *Introduction to Physiological and Systematic Botany*』（1809年）で、壺の目的は別にあると主張している。

しかし他の種（しゅ）のことを考えると、この仮説は大いに疑わしい。キバナヘイシソウ（*Sarracenia flava*）とコヘイシソウ（*S. adunca*）の壺には雨水が入らない構造になっているのに液体で満たされているのだ。この液体は壺の底から分泌されたものだと思われる。それならこの不思議な仕組みは何のためにあるのだろうか……。ムラサキヘイシソウ（*S. purpurea*）の壺状の葉には腐敗しかけた虫の死骸が入っていることが多い。庭でこの植物の横を通ればその臭いが感じられる。壺の口の周辺には下向きに繊毛が生えている。ネズミ捕りの針金のように壺の中を下向きの一方通行にすることで、いったん水のたまった壺に落ちた不運なハエは這（は）い上がれないようになっているのだ。ひょっとすると腐敗した虫から放出されるガスがこの植物にとって有益なのかもしれない。不思議な葉の構造は虫を捕らえるためであり、壺の中の液体は虫を逃げられなくするだけでなく、おびき寄せるためにあるのではないか。[27]

スミスは植物が虫を食べると主張するところまでは達していないものの、壺が虫を捕らえるためのワナのようなものだと早い時期に結論している。そして、壺が虫を消化して養分を吸収しているというよりはいくぶん穏やかな、腐敗していく虫の死骸から出るガスがこの植物にとって好ましい環境を作っているのだろうという説をとなえたのである。

◉ダーウィンの証明

植物が虫を捕らえて食べることを解明したのはチャールズ・ダーウィンだけではないが、ダーウィンがいちばん有名である。彼の著書『食虫植物 *InsectivorousPlants*』（1875年）は多くの人々に読まれ、専門家だけでなく一般の読者にも大きな衝撃を与えた。前書きで彼は、この植物に関する予備知識がほとんどないままで研究を始めたと告白し「1860年の夏、私はサセックスの荒れ地でモウセンゴケの葉にたくさんの虫が捕らえられているのを目にして驚いた。虫が植物に捕らえられるという話を聞いたことはあったが、それ以外のことは何も知らなかったのだ」と書いている。[28]

しかし彼はその後10年を費やして研究を続け、多くのめざましい発見をして食虫植物研究の先駆者となったのである。しかしその過程では、自分の研究が世間に受け入れられるかどうか不安になって友人のチャールズ・ライエルにこんな手紙を書いている。

今のところ私は、地球上のすべての種の起源よりモウセンゴケのことを考えている。しかし論文の発表は来年にするつもりだ。というのも私は自分の出した結論に驚き、恐れさえいだいているからだ……植物が人体のどの神経よりも鋭敏に接触に反応するとは奇妙なことではないか？それでも私はそれが真実であると確信しているのだ。[29]

ダーウィンはこの著書の大部分をモウセンゴケ属の研究に当てているが、食虫植物かもしれないと

自生地で育つムシトリスミレ、モウセンゴケ、タヌキモを描いたフリッツ・ベルゲンによる植物画。(1906年)。

ウツボカズラの壺を縦半分に切ったところ。捕らえられた虫がたくさん見られる。

されている他の植物のほとんどについて調査し、ハエトリグサ属、ムジナモ属、ムシトリスミレ属の研究にひとつの章を、タヌキモ属とゲンリセア属に3つの章を、そして葉の腺毛から粘液を出すタイプのドロソフィルム属とビブリス属に最後の1章を当てている。

同じ著書の中でダーウィンは、これほどさまざまな種の植物が、まったく別々に（時には地球の反対側の場所で）食虫植物になるという進化をとげたのか、その理由を解明しようとし、次のように書いている。

粘液を出す腺があればどんな植物でもたまたまそこに虫がくっついてしまうことはあるだろう、環境さえととのえばその植物がくっついた虫を消化する能力を身につけることもあるだろう。互いに何の関わりももたない、まったく異なる属の植物が、別個に同じ能力を身につけることは少しも不思議なことではないのだ。[30]

これと同じころ、世界各地で他の研究者たちも食虫植物の謎の解明に挑んでいた。イギリスの生理学者ジョン・バードン・サンダースンは綿密な実験により植物体内に電流が存在することを明らかにし、電気刺激が生じることによってハエトリグサの捕虫葉が閉じるのだと発表した。彼はこの成果を1874年に発表し、その後出版した著書『植物の被刺激性 *Exitability of Plants*』（1882年）でさらに理論を発展させている。アメリカの著名な博物学者メアリー・トリートは食虫植物、とくにヘイシソウとタヌキモの研究に何年も打ちこみ、その成果をベストセラーになった著書『自然の中の家庭学習*Home Studies in Nature*』（1885年）に詳細に記した。ウィリアムとジョゼフのフッカー父子も食虫植物を熱心に研究した研究者である。どちらも王立植物園（キューガーデン）の園長職を経験している。ジョゼフは食虫植物の研究を続け、ピッチャープラントであるウツボカズラ属、サラセニア（ヘイシソウ）属、ダーリングトニア属を中心に扱った論文『植物の食虫習慣*The Carnivorous Habitsa of Plants*』（1874年）を発表した。[31]

チャールズ・ダーウィンが『食虫植物』を出版したことで、食虫習慣をもつ植物のグループが存在することは広く一般に認められるようになった。その後もダーウィンやその他の研究者の著書がさらに出版されたため、もはや食虫植物の存在を信じない人はほとんどいなくなった。

●植物の邪悪さ

食虫植物の存在が広く知られるようになると、それらの植物に対する人々の態度は大きくかわった。ただの珍しい植物というだけだったものが、あっという間に何か恐ろしい怪物を見るような目で見られるようになったのである。

イギリスの植物画家アン・プラットは1855年（ダーウィンの著作が発表される少し前）に出版した著書『イギリスの花*The Flowering Plants of Great Britain*』で、どうしてたくさんの虫がモウセンゴケの葉にくっついているのだろう、と思いをめぐらせていた。そしてそのうちに彼女は、モウセンゴケが虫から栄養面で何らかの利益を得ているかもしれないという説があったことを思いだした。しかし彼女はその説はただ「人をにっこりさせる」ような単なる面白い説だとかたづけて、次のように書いた。

モウセンゴケが虫を捕る理由を説明するのにいちばん良さそうな答は、自然界を支配する掟のようなものがあって、何であれ数が増えすぎたらそれを減らし、あらゆるものを一定の数以内に保つことで、地球のすべてのものの最適なバランスをくずさないようにしている、ということではないだろうか。[32]

この平和的な解釈によれば、モウセンゴケは何も忌まわしいことをしているわけではなく、むしろ自然界のバランスを保つための崇高な行為をしていることになる。

しかしダーウィンの著作が出版されると風向きは大きく変わった。たとえば1882年に発表されたJ・G・ハントのエッセイにはモウセンゴケについて次のように書いてあった。

私は複雑な色をした小さなハエがバラバラになっているのを見たことがある。美しかった目は飢えた植物によって引き裂かれていた。暖かい日の光を受けてヴェルヴェットのように輝いていたガのからだも、今ではこの恐ろしい植物の腹の中で少しずつ溶けている。虫たちの命も美しいからだもモウセンゴケの餌食たちの墓場に散らばっている……植物に邪悪さがあるとしたら、それはまさに、今ここにある。[33]

自然とガーデニングがテーマのレジナルド・ファラーの著書『高山と湿地の植物 *Alpine and Bog-plants*』も同じ視点で書かれていた。この本にはさまざまな植物の育て方が詳しく書いてあるのだが、モウセンゴケについて書くくだりが来るとファラーは突然口調を変えてしまう。

生き物を食らう小さく邪悪なものたちだ。モウセンゴケは前世でいったいどんな罪を犯して、これほどまでに不快で邪悪な謀略と殺戮を余儀なくされているのか、と誰もが考えずにはいられない。自己犠牲をいとわない少しのモウセンゴケが生き物の命を奪うより飢えて死ぬことを選び、残りのすべての仲間を平和と美徳の道に立ちかえらせる日は、いつになったら来るのだろう。[34]

そして突然、自分がガーデニングの本を書いていることを思い出したらしく、「ここで高潔な精神について語るべきではなかった。モウセンゴケは湿ったコケのある場所なら簡単に育てることができる、とだけつけくわえておこう」と続けている。それでも最後にもう一言、モウセンゴケの悪口を書かずにはいられなかったようで「モウセンゴケの花茎は見かけ倒しで、一度に1〜2輪の花しか咲かない……一斉に咲くということがない」と書きくわえている。[35]

『コリン・クラウトの日記 *Colin Clout's Calendar: The Record of a Summer*』（1883年）でも、筆者がモウセンゴケのねばねばした葉に捕われた虫をよく見かけたことについて似たような調子で書いている。

私自身は、哀れな虫がこの恐ろしくて冷淡で血に飢えた植物から足や羽を離そうともがく様子を見れば、思わず手を貸してやらずにはいられない。なぜなら私は本能的に、この殺戮を「自然界の巧妙な仕組み」としてどこかの博愛主義者のように高く評価することなどできないからだ。感覚をもつものともたないものとの、言いかえれば、根を下ろしたまま動かないのに悪賢くて血に飢えているように見えるものと、意識をもち、呼吸し、飛ぶことのできる虫との戦い――それも感覚をもたないものが勝つとわかりきっている戦い――を前にして、私は若干の嫌悪と恐怖を感じないではいられないのだ。[36]

筆者クラウトはここで、その後の数十年にくりかえし現れる物語、いわゆる「人食い植物もの」の前兆を見せている。それらの物語では、植物はまるでゾンビのように意識をもたない存在で、つねに「血に飢えて」いる。それでもクラウトは「生の牛肉を少し与えれば、それほど残酷ではない光景を見ることができる」と少しばかり偽善的な発言をつけくわえている――ただしこの発言は「意識をもつ生き物である虫」よりも牛のほうが血に飢えた食虫植物に喜んで食べられるだろうという暗黙の了解にもとづくものなのは言うまでもない。

イタリアの犯罪学者チェザーレ・ロンブローゾの著書に書かれた内容は、さらに興味深い。彼は、人間が犯罪に走る傾向はほとんどすべて植物に由来すると言うのである。そしてその論拠として「計画をたて、待ち伏せして自分の欲を満たすために殺戮し、時には冷酷に計算する（小さすぎる獲物は殺さないでおく）ことが――一部で主張されているような人間の意思ではなく――体組織つまり

サスマタモウセンゴケ（Drosera binata）。

ウツボカズラの壺、葉、花を描いた図。「カーティス・ボタニカル・マガジン」(1847年)より。

有機体の微細構造に由来していることを、「食虫植物」が証明している[37]」と語っている。ロンブローゾが、世間に広く知られているダーウィンの食虫植物の描写に強い衝撃を受け、それが犯罪は人間の意思によるものでなく、食虫植物に見られるような体組織に深く埋めこまれている未知の力によるものだと主張する根拠として最適だと考えたのは明らかである（そうは言っても、刑事告発を逃れるためにハエトリグサに罪をかぶせようとした犯罪者の記録はひとつもないのだが）。

◉食虫植物に関する報告

１９００代初期には、新聞各紙に食虫植物に関する記事が定期的に掲載されるようになっていた。そうした記事は動物に見立てた少しどぎつい表現で読者を引きつけようとする傾向があり、間違った情報がまぎれこんでいることも多かった。１９１２年にある新聞に掲載された記事でウィリアム・ウォレス・キャンベル博士（カリフォルニア大学リック天文台所属）は、火星には知性をもつ植物が存在すると書き、その根拠としてウツボカズラが獲物を捕る方法を――都合よく誇張して――あげている。

例えばウツボカズラには25センチほどの長さの肉厚で重い壺状の葉がある。そしてその葉の先端にある毒のついたトゲでネズミを刺し、しびれさせて捕らえる。それから葉でネズミを包みこみ、体内に入れて消化する……ウツボカズラは獲物をむさぼり食う。これは植物が動物の能力を備えている例である。[38]

このようにして地球上の食虫植物が動物のように知性があることの（非常に誇張した）「証拠」をあげてから、キャンベルは火星の植物は地球の植物よりはるかに高度な知性を備えているという途方もない主張をくりひろげていく（もちろんその過程で彼は、火星の大気や気候条件は大型の植物の生育にまったく適さないだろうことは完全に無視している）。このキャンベルの記事よりずっと数が多かったのが、ウツボカズラの奇妙な性癖（例えば、ハエをむさぼり食うこと）にスポットライトを当てるたぐいの記事だった。「食虫植物が消化不良で死亡」という見出しの記事は次のような内容だった。

ウツボカズラはハエの食べすぎで激しい消化不良をおこすかもしれない。あるウツボカズラは1日に2匹のハエを与えられ、順調に成長していた。実験のため一度に3匹与えてみると苦しそうな様子を見せた。そのうちに回復したようだったので5匹与えてみたら、枯れてしまった。[39]

キューガーデンに展示されていたハエトリグサについてのこんな記事もあった。

展示されているハエトリグサは、ワナの動きを見たくてハエを与える観覧者が多いため、食べすぎて食欲不振になり、食欲が回復するまでワナの動きを見せることを拒んでいる。キューガーデンの整備員は「ハエトリグサにエサを与えないでください！　今はワナが休止中です」と観覧者に声をかけている。[40]

食虫植物が巧みに獲物を「しとめる」様子を誇張して伝える記事は、ほかにもたくさんあった。ハエトリグサについてある記事には「地面近くにそっとしのび寄り、虫を捕らえるために文字通りその『あご』を開いている」とあり、[41]「ヘイシソウ、ウツボカズラ、フクロユキノシタはどれも獲物がワナに入るとふたを閉じる」などと間違った情報を伝える記事もあった。[42]

●食虫植物を描く

食虫植物を非常に細密に描いた植物画には長い歴史がある。しかし食虫植物の場合、その描かれ方に興味深い変化が見られる点が他の植物とは異なっている。虫を食べることが知られる以前には、他の植物と同じようにその全体の姿や細部の構造や模様を美しく正確に描いたものがほとんどだった。ところが虫を食べることが知られたとたん、その獲物の姿もいっしょに描かれることが多くなる。画家たちはそうすることで、その植物が食虫植物であることをはっきり示そうとしたのだ。しかし同じころ描かれた動物画に、その動物の獲物が描かれていることはまずない。たとえば動物画に描かれたカエルやサンショウウオがハエを食べているシーンはほとんど見られないし、ライオンがガゼルを捕食するシーンを描いたものもほとんどない。ところが食虫植物を描くさいには、作品に獲物を描きこむだけでなく、それを捕らえるときの植物の動きを示すようなひと筆を加える画家も多かった。捕虫の瞬間をとらえたような作品さえあったのである。

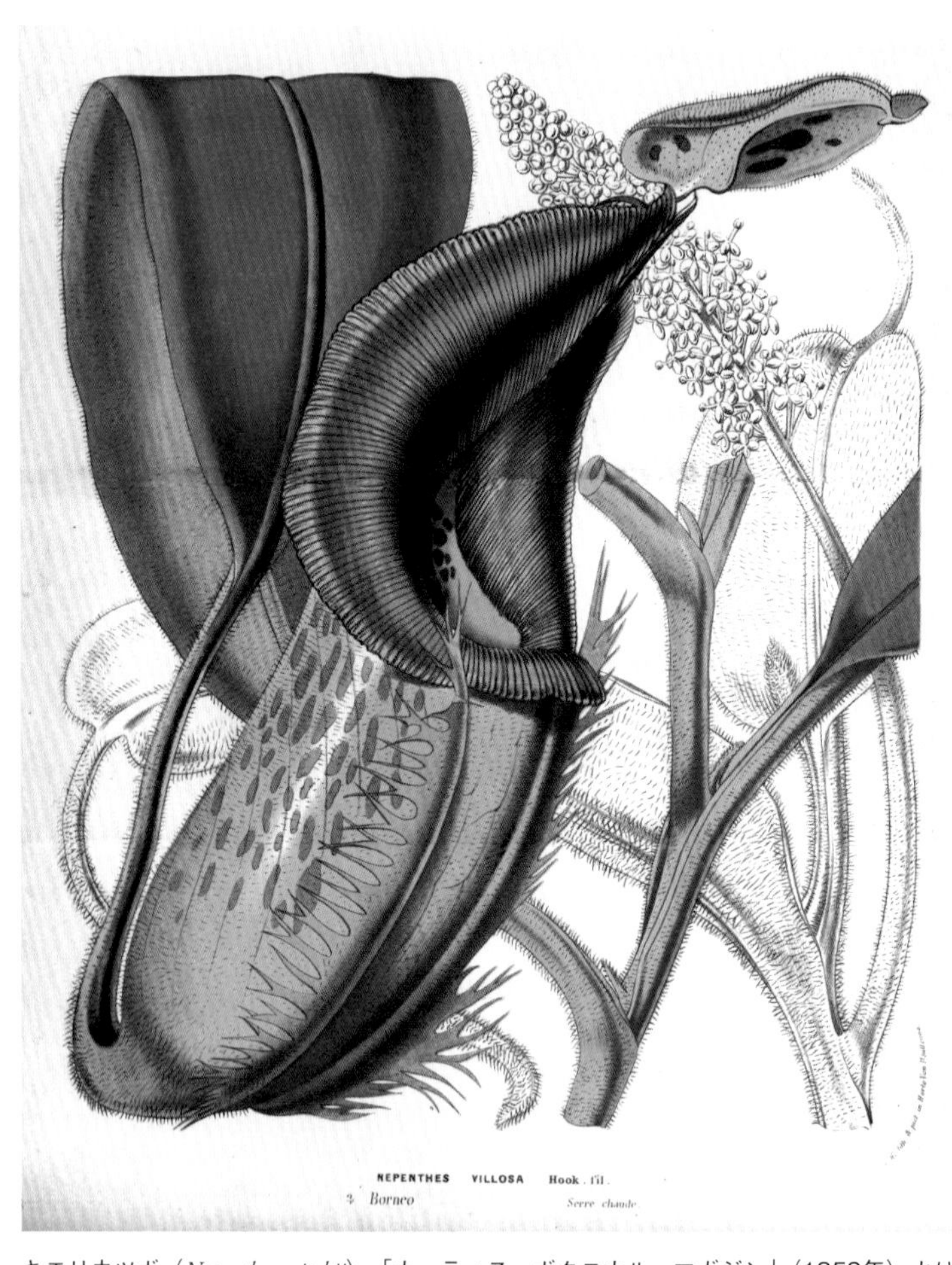

キエリウツボ（*Nepenthes veitchii*）。「カーティス・ボタニカル・マガジン」（1858年）より。

モウセンゴケの存在は遅くとも中世には知られていたが、その姿を描いたものとしては、レンベルト・ドドエンスの本草書『クリュードベック』（1554年）が最初である。サラセニア（ヘイシソウ）を描いたものにはマティアス・デ・ロベルの『ノーヴァ・スティルピウム・アドヴェルサリア *Nova stirpium adversaria*』（1576年）があり、描かれているのはおそらくコヘイシソウ（*Sarracenia minor*）だろうと見られている。ウツボカズラ（ネペンテス・ミラビリス *Nepenthese mirabilis* らしい）の精密な植物画はゲオルク・ルンフィリスによる『アンボイナ植物誌 *Herbarium Amboin-*

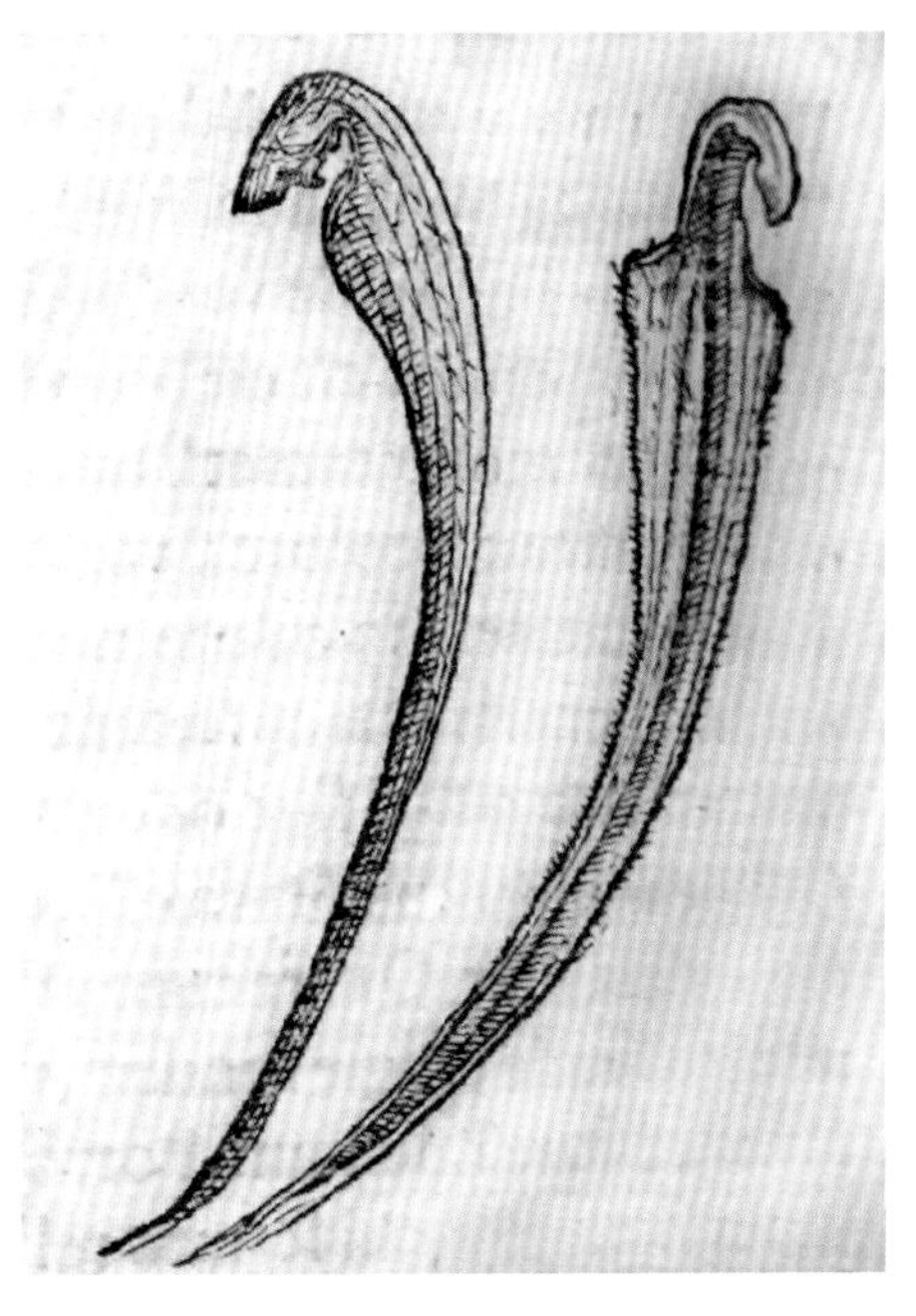

マティアス・デ・ロベルの『ノーヴァ・スティルピウム・アドヴェルサリア *Nova stirpium adversaria*』（1576年）に掲載されたサラセニア（ヘイシソウ）の図。出版されたサラセニアの図としては最初のものと見られている。

マリアンヌ・ノースが描いたウツボカズラの新種。彼女の名にちなんで「ネペンテス・ノースィアナ」という学名がつけられた。(1880年頃)。

雑誌「ヨーロッパの温室と庭園の花 *Flore des serres et des jardins de l'Europe*」（1858年）に掲載されたサラセニア（ヘイシソウ）の絵。

ense』（1747年）に見られる。この植物画には壺状の捕虫器だけでなく、茎や根や花も詳細に描かれている。

ジェームズ・ロバーツはもっとも早い時期にハエトリグサの非常に精密な植物画を描いた画家のひとりである。その絵は1769年にジョン・エリスが書いた「接触により閉じる葉をもつ新発見の植物、ディオナエア・ムスキプラ別名ハエトリグサについて」と題する論文に添えられていたもので、もっとも早くその捕虫シーンを描いた絵のひとつでもあり、ひとつのワナにはヤスデが、もうひとつのワナにはハエが捕まった様子が見られる。この論文が発表された時点ではハエトリグサが虫を捕らえることは広く知られていたが、その虫を食べることが証明されるのは100年後のことだった。

ウツボカズラを立体的に描いた素晴らしい絵を残したのはベルギー出身の著名な植物画家ペーター・デ・パンネメーカーで、フランスの雑誌「温室と庭園の花」には彼の絵が数多く掲載されていた。この雑誌にはオルト・ヴァン・ウッテアーノも食虫植物を精密に描いた素晴らしい絵を数多く寄せている。

「カーティス・ボタニカル・マガジン」も早い時期に多くの食虫植物（とくにウツボカズラやサラセニア）のフルカラーの植物画をたくさん掲載しており、1890年にはこの雑誌の刊行と編集を始めたウィリアム・カーティスを称えてウツボカズラのひとつの種（しゅ）に、彼の名にちなんだ学名「ネペンテス・クルティシイ *Nepenthes curtisii*」が与えられた。

著名なイギリス人画家マリアンヌ・ノースもウツボカズラの学名にその名を残している。すぐれた植物画家であり、世界中を旅してその地域に生育する植物を描き残した彼女がたまたまボルネオ島で描いたウツボカズラのひとつは、まだ名前のついていない新種だった。そこでその新種には「ネペンテス・ノースィアナ *Nepenthes northiana*」という学名がつけられた。

家庭雑誌「あずまや *Die Gartenlaube*」に掲載された食虫植物の絵（1875年）。

第4章　人食い植物の攻撃

その生態が明らかになって以来、食虫植物は狂暴な人食い怪物として描かれることが多くなった。しかし実際には、ほとんどの食虫植物は――とくに捕虫の動きが目に見えるようなものは――とても小さいのだ。虫を捕っているだけの小さな植物を巨大化し、人間をむさぼり食う怪物にしたてるには並々ならぬ想像力が必要である。

しかし人間の想像力は、その気になればちょっとした事実を大きくふくらませ、あれこれつけくわえて派手に彩ることなどいくらでもできるのだ。そして食虫植物は、その力を存分に発揮するための絶好の材料だった。アメリカのSF雑誌「スタートリング・ストーリーズ」の編集者は1951年にこう書いている。

樹上で暮らしていた私たち人類の祖先が食虫植物の存在を知ってからというもの、人間は、巨大化した植物が自分たちをつかまえて養分を吸いとってしまうという恐怖に脅えてきた。どう

サラセニア（和名ヘイシソウ）の筒状の捕虫葉のふたに止まったハエ。

いうわけか、凶悪なランの花や巨大なサツマイモの朝食にされるという想像は、トラの牙やクラーケン［ノルウェー沖の海に現れるという伝説上の巨大な海獣］の触手に襲われる恐怖よりも、どこか異質で得体のしれない恐怖を私たちに与えるのだ。[1]

植物（特に食虫植物）がどうしてホラーストーリーの題材として好まれるのか、という問いに対する答はいろいろ考えられる。そのひとつは、植物はそもそも私たち人間とは異質の存在だ、中枢神経系も脳もなく、人間とは違う時間の物差しで生きている、と見られがちなこと。そのため私たちには植物がどう生きているのか理解できないだけでなく、同じ生き物だと考えることも難しいのだ。

そのうえ植物は信じられないほど粘り強い。はびこる蔓（つる）をすべて取り除いたり、雑草を完全に取りつくしたりすることはまず不可能である。死んだように見える（しなびた蔓や冬に葉が落ちた木のような）植物が、突然生き返ったように青々とし始めるではないか。そしてもうひとつ、ほとんどの植物は人間が気づかないうちに、いつの間にか成長するというのも、私たちを落ち着かない気持ちにさせる原因のひとつかもしれない。植物が成長する速度は人間の目ではとらえにくい。それなのに、2週間後に見に行ってみると2倍近くの大きさにまで伸びていることもある。実際、アメリカ合衆国南東部で繁茂している葛（クズ）は1日に60センチ近くも蔓（つる）を伸ばし、数週間のうちに家全体をおおってしまうこともある。私たちがちょっと背を向けているうちに動く、あるいは「攻撃する」ことができるということ、これも私たちを不安にする理由のひとつだろう。

私たちは植物には意識がないと思い、食虫植物は意識もないくせに意識をもつ生き物を殺すことができると考えがちだ。食虫植物の存在が初めて明らかになったとき、何よりもそのことを恐ろしく思った人々もいる。1880年代、コリン・クラウトはその日記に、意識をもつ虫と意識をもたない植物との戦いでは「意識のない側がかならず勝ち」そして「呼吸をし、羽で飛び、意識をもっている虫が、根で地面に縛りつけられて動きまわることもできない、ずる賢く血に飢えたものに無残に殺される、と記している。前章でも触れたイタリアの犯罪学者チェザーレ・ロンブローゾは、その著書『犯罪人論 *Uomo Delinquente*』の第3版（1884年）で、人間がもつ「邪悪さ」は食虫植物に備わっている遺伝形質から進化したものであり、人間が犯罪に走る性向はそれらの植物に由来する、と論じている。[2] しかし少し視野を広げて考えれば、すべての植物は、生き物の死骸が分解されてできる物質から養分を得ているという意味では「人食い」だと言えることがわかるはずだ。「物語に登場する人食い植物は、動物と植物とのありふれた関係を誇張したものにすぎない。いずれにせよ、動物は最後には植物の養分になるのだから」[3]。

◉初期の人食い植物物語

初期の人食い植物物語は、まずはいかにも論理的に思われることからスタートして、その論理を拡大解釈するよう読者を巧みに誘導していくものが多い。まずは実在する食虫植物の驚くべき生態、たとえばハエトリグサは虫を食べるだけでなく、それ以前に刺激に非常に鋭敏に反応することを、あらかじめ読者に確認させておく。そしてどこか遠い所には、もっと大きくなり動けるようになったその種の植物が存在することもあり得る、と物語を進めていく。もしくはもともとあった食虫植物が自然環境の急速な変化によって、あるいは狂気におちいった植物学者の実験によって巨大化した、というストーリーもある。

ドイツ人探検家カール・リッヒェ博士が、1887年にマダガスカル島で食人木を発見したと報告したのはその一例だ。ある新聞記事によると、その木は、

高さ2・5～3メートルほどのいくらかグレープフルーツに似た木で、もじゃもじゃと毛の生えた醜い触手を四方八方に伸ばしている。幹は黒く石のように硬い。高さ1・8メートル付近には口がいくつかあって、触手はそのまわりで絶えずくねくねと動いている。木のてっぺんはカップのようになっていて、清らかで美味しそうに見える液体をたたえている。だが、その木

ユタ州オグデンの地方紙「オグデン・スタンダード・エグザミナー」に掲載された人食い植物のイラスト。1900年頃。

に登ってその液体を飲んだ人間には災難が待っているのだ。まず気がふれたようになって、下りることができなくなる。そこへ触手がそろそろと近づいて容赦なく巻きつきはじめ、獲物を絞め殺してしまうのだ。この植物はもちろん毒蛇と同じように恐れられている。実際のところ地元の人間は、この植物は邪悪で恐ろしい力をもつ生き物だと見なしているのだ。[4]

こうした新聞記事の多くが事実だと信じこまれ、数十年ものあいだ何度も転載されて多くの国（アメリカ、オーストラリア、イギリスなど）に広まり、そのたびに新しい読者を獲得していったのである。1920年代になっても、アメリカのある新聞には「著名な植物学者」B・H・ウィリアム博士が、食人植物の存在の可能性について書いた記事が掲載されている。彼はその記事を「マダガスカル島の食人木の報告には多くの植物学者が強い関心をよせており、その存在の可能性を完全に否定する者はほとんどいない。したがってこのドイツ人探検家が報告した地域へすみやかに科学調査隊を派遣し、この不可思議な植物に関する調査を行うことが望ましい」と締めくくっている。[5]

しかし『アメリカ人の話』という短編小説を書いて人食い植物という怪物をあつかうジャンルを確立し、広めたのは、サー・アーサー・コナン・ドイル（シャーロック・ホームズの作者としてのほうが有名だが）だった。1880年に雑誌「ロンドン・ソサエティ」に掲載されたその小説は、雨の降る寒い晩にジェファーソン・アダムズと名のる奇妙なアメリカ人がロンドンのとあるクラブを訪れ、巨大なハエトリグサについての恐ろしい話をするという内容だった。そのハエトリグサはとても大きく、簡単に人間を食べてしまうというのだ。アメリカ人はまず次のように問いかける。

皆さん方の中で、アリゾナに行ったことのある方はいらっしゃいますか？　きっと、いらっしゃらないでしょうね。私は何年かアリゾナに住んでいました。今思い出しても、そこで見たもののことはとても信じられません。ハエトリグサと呼ばれる植物をアメリカのどこかでご覧になったことのある方は、おられるかもしれませんね？[6]

この問いかけに、その場にいた男たちの中で科学にくわしいとされていたドーソンがうなずき、物知り顔で「ディオナエア・ムスキプラ」と学名をつぶやく。こうして科学的根拠を得ると、アメリカ人は「私はアリゾナで葉の長さが2〜3メートルもあって、葉についたトゲの長さが30センチ以上もあるようなハエトリグサをいくつも見たんですよ」と続ける。そして、ある晩アラバマ・ジョーと呼ばれる男が突然いなくなり、翌朝、彼の遺体がみつかったが、彼は巨大なハエトリグサにむさぼり食われていた、と語る。そしてその場面を写実的に描写するのだ。

地面にあった閉じたままのハエトリグサの葉が、ゆっくりと二枚貝が開くように口をあけた。葉のくぼみの中には、まるでゆりかごの中の幼児のようにアラバマ・ジョーが横たわっていた。ふたたび葉が閉じかかると、葉に生えた何本ものトゲがゆっくりとジョーの心臓を貫いた。肉厚の葉には切ったあとがあり、ジョーはナイフを手にしていたから、葉を切りひらいて外に逃げようとしたらしい。だがハエトリグサが彼を押しつぶすほうが早かったようだ。アラバマ・ジョーはスコットを襲うつもりで、待ち伏せするあいだ湿った夜気を避けようと考えて開いていたハエトリグサの葉の中に入ったのだろう。そしてこの巨大なハエトリグサは、温室で見かける小さなハエトリグサがハエを捕るように葉を閉じて獲物を捕らえたのだろう。そして私たちが見つけたときには、ジョーはこの人食い植物の鋭い歯に引き裂かれ、ぼろ切れのようになっていた。[7]

アメリカ人が話し終えるとドーソンがまた口を開き、あり得る話だと認める。「じつに驚くべき話だ！ディオナエアにそんな力があるなんて、誰も考えたことはないだろう！」コナン・ドイルのこの

「マダガスカルの人食いの木」。J・W・ブエル著『海と大地』(1887年)の挿絵。

人食い植物物語が、その後のこのジャンルの小説が見習うひとつの型を作ることになったのは興味深い。読者にあらかじめ少しばかりの科学的な説明を与えておき、それに続いて語られる怪物の物語もあり得ないことではないと思わせるというパターンである。

このドイルの作品と同じころイギリスの雑誌「アーゴシー *Argosy*」に発表されたハワード・R・ガリスの短編「ジョンキン教授の人食い植物 Professor Jonkin's Cannibal Plant」（1905年）も、このジャンルのひとつの型を作った小説だった。ある植物学の教授がブラジルから「サラセニア・ネペンテス」というヘイシソウとウツボカズラの学名を合体させたような名前の珍しい食虫植物を手に入れた。この植物の特徴は長い毛のようなものがたくさん生えていて、それをくねくねと伸ばして虫をつかんで捕虫壺に落とすと、すぐに壺のふたが閉じることだった。教授の助手はこの新しい植物を見て驚いた。しかし教授はすぐにそれを温室の中の特別な場所に隠し、助手にはそこに入ることを禁じた。

数週間後、助手は教授の食料品を補充するためマーケットにでかけた。そして食料品店で、教授が秘かに大きなステーキ肉を毎日3枚も温室に届けさせていると聞いて驚いた。耳を疑った助手は「でも教授も私も菜食主義者ですよ！」と叫ぶ。そしてそれが事実だとわかると、思わず「1日にステーキ肉を3枚とは！　教授が菜食主義をやめたのでなければいいが……」とつぶやき、研究所に駆けもどる。教授は、菜食主義をやめたわけではないと語って助手を安心させ、いつのまにか高さ7メートルにまで成長した「サラセニア・ネペンテス」を見せて説明を始める。

小さな植物の花が数匹の虫でうまく育つなら、もっと大きな食べ物を与えればもっと大きな花になるはずだと思ったのだよ……だからまず、ひとつを残してほかの花を全部取ってしまい、栄養がそれだけに集中するようにした。そしてメニューを考えた。まず牛のひき肉を与えてみた。この植物はまるで子犬のように夢中になって食べ、もっとほしそうな様子を見せた。だからひき肉をやめて小さめに切った牛肉にした。こいつは目に見えて大きくなり始めていた。次はマトン・チョップに変えた。そうこうするうちにもこいつはどんどん成長して、1週間後にはとてつもなく大きくなったから、大きなステーキ肉を1日1枚与えることにした……こいつは今では1日3食、大きなステーキ肉を食べているのだ。[8]

数日後、特大のステーキ肉を与えていた教授が突然その植物の大きく開いた口に引きずりこまれてしまう。悲鳴を聞きつけた助手が大急ぎで斧(おの)をふるい、口のあたりを切って教授を助けだそうとした。ところが教授は植物の口の中から、私の「サラセニア・ネペンテス」を殺さないでくれと懇願する。そこで助手は植物の口元にクロロフォルムを浴びせかけ、教授は麻酔にかかってふらふらする植物の口をよじ登ってなんとか出てくる。大事にはいたらなかったものの、教授は少し腹を立てており、その植物をしかりつけ「罰として食事は1日1回にするぞ。悪い子にはお仕置きが必要だからな」と言う。読者はここで当然、もっと恐ろしいことが起こるのではないか、ひょっとして菜食主義者の教授がステーキ肉を与えるのをやめるようなことになったらどうなるだろう……と不安を感じずにはいられないだろう。

「アーゴシー」誌に掲載されたハワード・R・ガリス著の短編「ジョンキン教授の人食い植物」(1905年)の挿絵。

1922年に発表されたルネ・モローの短編「人食いモウセンゴケ Drosera Cannibalis」は、さらに不気味な物語である。食虫植物についての説明と主人公ハーテンスタッター博士の描写から始まる冒頭の部分は無邪気なものだ。

（博士は）モウセンゴケ属の成長と活動のすべてを観察していた。誰でも知っているように、この植物は葉の上に降りてきたハエなどの虫に襲いかかって捕らえる。そして強力な消化酵素を分泌して獲物を分解し、数時間後にはあとかたもなくすべて吸収してしまうのだった。[9]

やがてハーテンスタッター博士は彼のモウセンゴケの巨大化に成功し、木のような高さに育ったその植物に、巨人のようなモウセンゴケを意味する「ドロセラ・ギガンティス」と名づける。大きくなるにつれてその食欲も増し、エサはバッタからモルモット、ネズミ、ウサギ、子羊と次第に大型化していく。そしてついには動物の肉では満足できなくなってしまう。

ある日、博士は研究を新しい局面に進める決意をして、午前中だけ外科医として勤務している軍隊病院から、手術によって切断され廃棄処分になるはずだった患者の手をこっそり持ちかえってきた……彼のドロセラ・ギガンティスは与えられたそれを5時間48分かけて完全に消化吸収した。前の週に同じ重量のウサギの肉を3回与えてみた結果、ドロセラの幹の太さは2分の1ミリ増しただけだったが、人間の肉を与えた今回は約3分の2ミリ増加していた。ハーテンス

短編「人食い植物」を掲載した雑誌（1940年4月号）の表紙。

タッター博士は大満足だった。ついに人食い植物「ドロセラ・ギガンティス」を発見したのだ[10]！

しかし半年ほどたつと、事態はとんでもない方向に進んでいた。博士は彼のドロセラのエサにするために村の子どもをさらうようになったのだ。マッドサイエンティストと化した彼は「もしもすべての植物が突然この世界から姿を消したら、その数日後にはすべての動物が死滅するだろう。生命の根源は植物にあるのだ！」と宣言する。そして最後には彼自身もドロセラの餌食になってしまうのだ。それを知った村の住人たちは博士の温室になだれこみ、人食い植物と食べ残された博士の体の一部を焼きはらう。

1930年にH・トンプソン・リッチが短編小説「人食い植物 The Beast Plants」を発表し、1940年にはその作品が多くの読者をもつアメリカの雑誌「フェイマス・ファンタスティック・ミステリーズ」に転載された。物語は、ある植物学の教授とその20代の娘ドリス・モーティマーがアメリカのジョージア州南東部にある湿地帯に旅をするところから始まる。旅の目的は、食虫植物の新種がどのように進化し発展するかという教授の研究テーマについて実地調査することだった。数か月後、教授の同僚ニール・ハントリーがふたりのもとへ行く。苦労して湿地帯へと進む旅の途中、ニールは高さ6メートルを超えるいくつもの巨大なハエトリグサと出会う。ハエトリグサはいっせいに彼に襲いかかり、ニールはそのワナに捕らえられてしまう。その植物たちはニールを捕らえたまま湿地を進み、女王のもとへ連れていく。その女王とはなんとドリスだった。彼女はハエトリグサたちにすぐさまニールを解放し、彼女の王国の客としてもてなすよう命じる。彼女はニールに、すでに亡くなった父親が突然変異によって巨大なハエトリグサを作りだしたこと、ハエトリグサたちが彼女を女王にしたことを告げる。

人食い植物ジャンルのホラー小説の約束事にしたがい、ドリスとニールは、亡き教授の研究からどのようにして巨大なハエトリグサが生まれたかを議論する。ニールは言う。

「彼はすでに、ハエトリグサの葉が動く仕組みについてはだいたいの見当をつけていた。彼はきっと、その動きのもとである箇所に何らかの刺激を与えると同時に、植物を巨大化させることにも成功したんだろう。それは私にも理解できる。だがどうしても理解できないのは」と、ここでニールは声を強めて「あなたのお父さんが知性をもたない植物に、どうやって知性をもたせたのか、ということです」と言った。

「でも知性はありました」とドリスは身震いするかのように言った。「動くということは知性があるということじゃありませんか？　神経エネルギーが存在しないものが動くということがあり得るでしょうか？　神経エネルギーとは、言いかえれば脳が発するエネルギーですよね？……ダーウィンがハエトリグサのワナを動かす刺激は、水分や養分を移動させるために植物の体内を根から茎や葉へと貫く維管束に沿って伝達されると言ったとき、彼はそれとなくその可能性を暗示していました。動物の神経が刺激を伝達するように、植物の葉も刺激を伝えるのです」[11]。

ドリスはさらに、父である教授は特に丈夫そうなハエトリグサを選んで葉の成長を促す化学物質を投与し、逆に根は退化するような操作を加えたことを明かした。おかげでそれらのハエトリグサは自力で移動できるようになったのだ。次に移動できるようになったハエトリグサの種子を集め、大きさを増す物質の溶液に浸した。「ビー玉ぐらいの大きさになったらまた液に浸して、とうとう野球のボールぐらいまで大きくしたんです！」とドリス。そして教授は最後にそれらの知性を高めるために「脳細胞」を移植したのだった。

巨大化したハエトリグサたちはついにドリスとニールに襲いかかったが、ふたりは知恵をしぼり力を合わせて戦い、幸運にもめぐまれて怪物たちを撃退する。ふたりは突然変異したハエトリグサの怪物を全滅させ、その地から逃れる。

『トリフィド時代』

人食い植物が登場する有名な物語に、ジョン・ウィンダムが1951年に出版した『トリフィド時代』［ジョン・ウィンダム著、中村融訳、創元SF文庫、2018年］がある。イギリスを舞台にトリフィドという怪物化した植物の群れが暴れまわり、国中を恐怖に陥れるというストーリーだ。旧ソ連の秘密基地で秘かに行われていた植物の実験の結果、突然変異によって高さが2メートルもあり、歩行能力をもち、カチカチ音を出すことで仲間とコミュニケーションをとることのできる植物の怪物が誕生してしまう。この怪物は触れるだけで大型動物も人間も死んでしまう猛毒のついたム

映画『トリフィド時代』（1962年）のポスター。

チをふるい、殺した獲物は食べてしまう。怪物の下半身は根のように三つ又になっていて（トリフィドという名前はそこからきている）、この部分は動かないときは根の役目をし、地面から抜き出せば脚の働きをする。下半身にはふたつの硬い木の棒のようなものがあって、それを幹に打ちつけてカチカチと音を出す。この音はモールス信号のようなコミュニケーション手段で、遠くにいる仲間ともそれを使って意思の疎通ができる。

そもそもこのトリフィドという植物は、良質のオイルを採取するために大規模に栽培されていたのだった。毒をもつトゲは切ることもできるが、そうするとオイルの採取量が極端に減ってしまうので、そのままにされていた。ところが結局この栽培プロジェクトは中止となり、世界中で食料資源として栽培されていた毒をもつトリフィドが野放しになってしまう。物語の主

BBC テレビのドラマ『トリフィド時代』(1981年)の一場面。

人公ビル・メイスンはトリフィドの毒のムチに目を傷つけられ、治療のため包帯を巻かれていたが、これは彼にとって幸運なことだったことが後にわかる。トリフィドはものを見ることはできず、毒のムチをふるって人間を攻撃するときは必ず目をねらっていた(人間に支配されてきたのは視力の差のせいだと本能的にわかっていたのかもしれない)。

そうした状況の中、地球を壊滅させるほどの事件が起こる。世界中に奇妙な流星雨が降りそそぎ、その強烈な光を見た人々はほとんどすべて失明してしまった。そうなるとトリフィドたちのほうが優位だ。トリフィドは世界中で人間を襲い、食べ始める。運よく流星雨が去ってから包帯をはずしたビル・メイスンだけでなくたまたま流星雨の光を浴びなかったガールフレンドのジョセラ・ブレイトンも失明を免れた。ここから先の物語は、恐怖と絶望に満ちた世界で生き抜き、失明した人々をできるだけ多く救おうとするふたりの苦闘が中心となる。そして最後に、ふたりは少数の生きのびた人々とともにイギリス海峡にあるワイト島にわたり、トリフィドに襲われる心配のないコロニーを築くのだ。

この物語には人食い植物トリフィドについての細かい描写もあるが、同時に何が人間を人間たらしめているのか、人間性とはいかにもろく、たやすく損なわれてしまうものなのかといったことを深く考えさせるところもある。トリフィドは植物でありながらも動物に近い存在として描かれているが、社会が崩壊しようとするときには人間もまた、動物のように行動し始める。結局のところ、この物語は植物と動物と人間とを区別する境界がいかに流動的なものなのかを読者に突きつけているのである。

『トリフィド時代』は人食い植物の侵略を主題としてはいるものの、どんな植物も自分が生きるために進化しようとする、という当然の事実を示してもいる。危機が去った数年後、主人公のビルとジョセラは田舎へ旅行することにした。多くの町は草木におおわれてしまい、どこに何があるかもわからなくなっていた。植物の生命力のすさまじさを目の前にしてジョセラは言う。「なんだか恐ろしいわ。まるで私たち人間の支配が終わったことで、何もかにもが自分の好きなようにできる喜びで爆発したような感じね」。こうした点をとらえて、あるエッセイストはこの小説について「ダーウィン主義的な寓話」のようなものだ――つまり人間が進化の頂点にいると考えるのは傲慢であり、人間が「永久に支配者でいられる」とは思えないとほのめかしているのだ、と書いている。[12]

この小説をもとにして3点の映像化作品が生まれている。まず1962年にスティーヴ・セクリー監督によって映画『人類SOS！（原題 *The Days of Triffids*）』が発表された。この映画のストーリーは原作とはかなり異なり、結末も非常に楽天的なものになっている。映画の中では、生き残った人々が塩水にトリフィドを殺す効果があることを発見し、大量の海水を汲みあげてトリフィドを全滅させるのだ。1981年にはイギリスのBBC放送が、より原作に忠実な6話連続のテレビドラマを制作した（監督はケン・ハナム）。面白いことにこの作品のトリフィドはサラセニア（ヘイシソウ）がモデルになっていて、筒状の葉をもつ体から毒のついたムチが出ていた。一方2009年にBBCが再びドラマ化した『トリフィド時代』（監督はニック・コーパス）には、現代的な環境問題の要素がたくさん盛りこまれている。たとえばこのドラマでは、トリフィドから採取するオイルは現在使われている化石燃料のほとんどと代替が可能で、地球温暖化から世界を救うことができると強調されているのだ。しかし一方ではトリフィドの危険性も高められ、長い蔓を猛スピードで伸ばして遠くの獲物を捕らえることができるようになっていた。

2001年にはサイモン・クラークが書いたこの小説の続編『トリフィドの夜』が出版された。この小説でもまず奇妙な現象が全世界を襲う。巨大な雲が地球をおおい、世界を暗闇に閉じこめてしまうのだ。太陽も月も星もまったく見えなくなり、目に異常がない人でも何も見えない。トリフィドはこの機会を逃すことなく、前作で多くの人が逃げこんだワイト島の侵略を始める。しかししばらくすると暗闇をもたらしていた雲は去り、舞台はニューヨークに移って、アメリカで生き残っていた人々とトリフィドとの戦いが始まる。

『リトル・ショップ・オブ・ホラーズ』

『リトル・ショップ・オブ・ホラーズ』（１９６０年）はチャールズ・Ｂ・グリフィス脚本、ロジャー・コーマン監督のＢ級ハリウッド映画である。スキッド通りにある小さな花屋に、オードリー・ジュニアと名づけられた意思をもつ食虫植物が置かれたことから起こる出来事を描くこの低予算の映画が、わずか2日半――レンタルスタジオのセットで2日、屋外の夜のシーンを撮るのに1晩――で撮影されたのは有名な話だ。コーマン監督は「私はよく冗談半分で映画を撮ったものでね。『リトル・ショップ・オブ・ホラーズ』は2日半で映画が撮れるかどうか試しに撮ってみたんだ――やってみたら、できたというわけさ」と語っていた。[13]「冗談」から生まれたこの作品、当初はほどほどの成功を収めただけだったが、しだいに熱狂的なファンが増えていった。１９８２年にはこの映画をもとにしたミュージカルがオフ・ブロードウェイで上演され、さらにそのミュージカルをもとにした映画が１９８６年に制作されたほどだ。

最初に制作された１９６０年の映画では、物語の中心となる植物は、花屋の店員シーモア・ケルボーンがハエトリグサとムシトリスミレを交配して作りだしたと説明されている。シーモアはそれを自宅で育てていたのだが、珍しい植物だから客寄せになると店主のマシュニク氏を説得し、店に置かせてもらう許可をもらう。そして秘かに恋心をいだいている同僚の女店員オードリーの名前をとってオードリー・ジュニアと名づけたその植物を店のショーウィンドウに飾る。ところがその植物は、元気がなくなって枯れそうになり、夜には「口」をだらりと開いてしまう始末だ。ある日シーモアは、オードリー・ジュニアの世話をしていて指に切り傷を作ってしまい、その植物のだらりと開いた口に血を垂らしてしまう。するとオードリー・ジュニアは素早く動いてその血を飲みこんでしまったのだ。この植物が人間の血を欲しがっていたことがわかったシーモアは、全部の指に傷をつけて自分の血を与える。翌朝シーモアが店に出勤すると、その植物がなんと2倍の大きさになっていた。オードリー・ジュニアは成長を続け、その珍しい植物を見るための来店客が増えたおかげで花屋の収入も増えた。

ところがオードリー・ジュニアはまた枯れ始める。その原因を知るためにシーモアがいろいろな本を調べていたある晩、オードリー・ジュニアは突然大声で「食べ物をよこせ！」と話しかけてきた。最初の驚きから立ちなおったシーモアは、包帯を巻いた手を上げて「おいおい、ジュニア、お前に食べ物をやりたいのは山々だけど、もうこれ以上切る指がないんだよ」と言う。それでもオードリー・ジュニアは「食べ物をよこせ！」と言い続けた。どうしていいか分からなくなったシーモアは深夜の散歩にでかけ、鉄道の車両基地の近くに行く。ところがそこでうっかり警備員にぶつかってしまい、つまずいた警備員は線路に転んで電車に轢かれてしまう。パニックを起こしたシーモアは、バラバラになった死体をひろい集めて袋に入れ、花屋に持ちかえった。店ではオードリー・ジュニアがあいかわらず「腹ペコなんだよ。食べ物をよこせ！」とわめいていた。シーモアがしかたなく死体の片手を与え、次に片足を与えると、オードリー・ジュニアはがつがつと食べてしまった。

翌日になると、オードリー・ジュニアはものすごく大きくなっていて、ますます多くの客がそれを見にきた。シーモアはオードリー・ジュニアに人肉を与え続け、そうするうちにまるで催眠術にかかったように、さからうことができなくなっていた。

その頃、町の園芸協会では、すばらしい植物を育てたシーモアを表彰しようと言う話がもちあがり、オードリー・ジュニアのつぼみが開く夜を待って、表彰式が行われた。ところがその夜、次々に開く花のひとつひとつには、オードリー・ジュニアにむさぼり食われた人間の顔が浮かび上がっているのだった。人々が去ったあと、シーモアは絶望のあまりオードリー・ジュニアを殺そうとするが逆に食べられてしまう。映画は、オードリー・ジュニアが新しく咲かせた花に、恐怖におののくシーモアの顔がくっきりと浮かぶシーンで終わる。

１９６０年に制作されたこのオリジナル映画は、当時人気のあった多くのホラー・コミックからインスピレーションを得た可能性が高い。そうしたコミックには食虫植物をテーマにしたものも多かったのである。プライズ・コミック社が発行していたコミックシリーズ「フランケンシュタインの怪物」の１９５４年10、11月号には食虫植物（オードリー・ジュニアに似ていないこともない）をテーマにした作品が掲載されていた。最初はその植物に虫を与えていた狂気の科学者フランケンシュタインは、虫では物足りなくなった植物のために、ネズミを集めてくるよう彼の助手（自分が作った怪物）に命じる。不思議なことにこの植物は食べたものの形に姿を変える。猫を食べれば花が猫の頭の形になるのだ。狂気の科学者は、ついには隣家の赤ん坊をさらって食べさせようとするが、助手の怪物に阻止される。パニックになった科学者フランケンシュタインはその植物を背中にひもでくくりつけて走り去る。しかし植物は彼にしがみついて食べてしまう。ラストシーンでは、地面に根を下ろしたその植物が新しく咲かせた花のすべてが科学者の頭の形になっている。[14]

フランク・オズ監督による『リトル・ショップ・オブ・ホラーズ』（1986年）のシーモアとオードリー2世。

ロジャー・コーマン監督によるオリジナル映画をもとに1982年に上演されたロードウェイ・ミュージカル『リトル・ショップ・オブ・ホラーズ』に登場する食虫植物は、映画のものより元気で口数が多くなっている。エンディングもオリジナルよりショッキングで、その植物が主人公シーモアと恋人のオードリーを食べてしまう。

ミュージカルのヒットにより、『リトル・ショップ・オブ・ホラーズ』はフランク・オズ監督の手で1986年に再び映画化された。その作品の食虫植物は（ここではオードリー2世と呼ばれている）前作よりはるかに人間的で、高度の知性をもち、なめらかに話すことができるばかりか、蔓（つる）や葉をまるで手のように器用に動かすことができる（複雑な仕組みの大きなあやつり人形を操作するのに60人以上のスタッフが必要だったそうだ）。この食虫植物があまりにも高度に擬人化されていたため、「このように食虫植物の擬人化が進むことで、こうした物語は人食い植物の物語にとどまらず、人食い人間の物語に近づくことになる」という見解も現れた。[15]

人食い植物がシーモアの交配によって生まれたという設定の前作とは違い、この映画の植物は宇宙から来たとされていた。それでもシーモアはその植物を見ただけでそれがただの植物以上の存在だと直感し、次第にその命令に従うようになる。そしてその怪物に新鮮な人間の肉を提供すれば、見返りに金と名声を与えてやろうという取引に応じてしまい、わずかの間とはいえシーモアとその植物は実際に世界的な名声を得る。

しかしシーモアは、殺人を犯して植物の人食いを助長している自分の行為は間違っていると気づく。そしてこの怪物から逃れ、同じ花屋の店員のオードリーと結婚し、どこか郊外で幸せに暮らしたいと思う。彼はすぐにオードリーにプロポーズし、彼女は受けいれる。しかし怪物のほうはそれを阻止するためにオードリーを食べてしまおうとする。シーモアは間一髪でオードリーを助け、ふたりで花屋から逃げだす。

それに続くシーンは、この映画が予測させるもっとも恐ろしい結末を示す（と同時に、現実の世界でもハエトリグサは簡単に手に入る事実をユーモラスに示す）ものだ。店を逃げだしたふたりは奇妙な男に声をかけられる。「パトリック・マーティン。ワールド植物カンパニーでライセンスとマーケティングを担当しています」と名のったその男は、「オードリー2世の葉を挿し木して作った苗を国中の花屋で販売するための独占的な権利を買い取りたい」と申し出る。男が「そいつは今にアメリカ中の家庭に普及することになりますよ」と断言するのを聞いて、ふたりは恐怖におののく。

そしてきっぱり断って男を追いかえす。シーモアは怪物を始末しようと決心して「オードリー、きみは待っていてくれ。これは私とあの怪物との問題なんだ」と言って店にもどる。彼はオードリー2世が世界進出を企んでいることを責めたて「アメリカ中の家庭に入りこむつもりか！　最初から何千にも増えて、人間を食べまくるつもりだったのか！　お前は腹をすかせた小さな植物ではなくて、世界の支配をたくらんでいたのか！」と叫ぶ。腹をたてたオードリー2世はシーモアを食べようとするが、彼は必死でその怪物を感電死させる。怪物を倒したシーモアはオードリーとふたりで郊外に引越し、幸せに暮らし始めた。しかしラストシーンは不吉な余韻を与える。小さなオードリー2世らしき植物がふたりの家の庭に満足そうに生えていて、映画が終わる寸前、カメラに向かってにやりとするのである。

じつは、この映画の結末はもっと恐ろしい――そしてハエトリグサが人気を集めている当時の世相をあからさまに皮肉る――ものになる予定だった。しかし、公開前の試写会での評判があまり良くなかったため変更されたのだ。当初予定されていた結末（DVDになっているので入手できる）では、シーモアとオードリーはふたりともオードリー2世に食べられてしまう。そしてふたりの死後、オードリー2世は世界進出を果たす。世界中の人間が花屋に押しかけてその珍しい植物の苗を買いもとめ、あっという間にほとんどの家庭に行きわたる。ところがその可愛い小さな苗は突然巨大化し始め、10階建てのビルの高さをもつ怪物になる。それはまるで怪獣ゴジラがたくさん現れたようなもので、都市は次々に破壊され、世界は怪物たちに支配されてしまう。この一大スペクタルのラストでは、怪獣になったオードリー2世のひとつがスクリーンいっぱいの大写しになり、観客に襲いかかるかのような感じを与えている。それを見た瞬間、観客は食虫植物の恐ろしさを身に染みて感じることになるのだ。

映画『リトル・ショップ・オブ・ホラーズ』は大ヒットした。人々はこの映画の風刺をこめた警告など気にも留めず「私の可愛いオードリー」を求めて近くの店に殺到したので、ハエトリグサの苗の売り上げは急増したのだった。

1991年には、1986年版の映画を脚色した短いテレビアニメシリーズも作られた。タイトルはシンプルに「リトルショップ」。このテレビアニメはターゲットを青少年にしぼったもので、主人公シーモアも10代の少年だった。彼はマシュニク氏が経営する花屋でアルバイトをしていて、マシュニク氏の娘オードリーに恋をしている。問題の食虫植物は「ジュニア」と呼ばれ、地下の洞窟の奥でシーモアがみつけた2億年前の種子から発芽したものだった。シーモアは成長したジュニアが話したり動いたりできることに気づくが、それは秘密にしておく。ジュニアは花屋の暮らしに満足しているようで、態度は生意気だがシーモアに何か困ったことが起これば親切に手を貸してくれる。この毒のないアニメの中では、ジュニアは肉食とはいっても、人間ではなく皿一杯のハンバーガーを好んで食べている。そのうえ「植物磁気」と呼ばれる超能力をもっていて、植物性の材料——木でも紙でも綿でも——でできたものなら何でも操ることができる。またこのアニメには、植物に関する豆知識やギャグやしゃれもたっぷり出てくる。シーモアがジュニアに普通のハエトリグサを紹介しジュニアがそれに一目ぼれする、というエピソードもあった。

『エド・ウッドのX博士の復讐』

低予算で作られたホラー映画『エド・ウッドのX博士の復讐 *Body of the Prey*（*Venus Flytrap*）』（監督ケネス・クレイン、脚本エド・ウッド。1970年）には、食虫植物がミュータント（突然変異種）化した怪物の映画である。ストーリーにやや無理があり、意味のわからない——俳優のアドリブのように感じられる——セリフも多い。主人公はアメリカのNASAに勤務する過労で疲れきった科学者ブレイガン博士だ。そんな彼に日本人の同僚が、長期休暇をとって日本へ旅行し、従妹（いとこ）のノリコの家に滞在するよう勧める。ブレイガン博士が植物学に興味があることを知っているその同僚は、ノリコが助手として働いている秘密めいた温室のある研究所でしばらく働いてみたら、と言う。

日本へ行くため空港に向かっていた博士の車が、途中で故障する。彼はしかたなくノースカロライナの小さな町に立ち寄り、そこで見つけた野生のハエトリグサを採取して日本へ持ちこむ。そして彼はノリコのいる日本の研究所で、そのハエトリグサの品種改良に取りくみ始める。ブレイガン博士はノリコに向かって彼が進めようとしている研究について熱く語り、最後に「チャールズ・ダーウィンはそれを世界でいちばん素晴らしい植物だと言っている」と断言し、論理を思いがけない方向に飛躍させる。「ダーウィンは生命の起源について、何か別の考えをもっていたのかもしれない。この植物に考える能力があるとしたら……理性があるとしたら……それは人間と言えるのではないか？」。

『フローラの神殿』(ロバート・ジョン・ソーントン著、1807年)より「ピッチャープラント」。

［左頁］自生地におけるさまざまな食虫植物。『植物生態 *Pflanzenleben*』(アントン・ヨーゼフ・ケルナー著、アドルフ・ハンセンによる1913年版)の図版より。

数日後の夜、博士はその植物に向かって話しかける。「お前は考えることも感じることもできる。ある意味で、お前は人間と同じだ。だがすべての人間と同じで、お前は弱い。私が何とかしてやろう。私の言葉を忘れるな。私が何とかしてやる。お前はこの世界でいちばん強いものになるのだ」。ここで稲妻が不吉に光り「お前の母親は大地だ。そして稲妻が、お前の父親になるに違いない！」

博士はハエトリグサと「ヴェヌス・ヴェトニチローゾ」を合体させて新しい植物を作ろうと考えていた。「ヴェヌス・ヴェトニチローゾ」は、この映画だけに出てくる想像上の植物だ。海底に自生し、葉が変形した筒状のワナで魚やその他の海に住む生物を捕らえてむさぼり食うという。ふたつの植物を慎重に結びつけ、稲妻の放電を浴びせて生まれたのは、巨大な手のように動くハエトリグサのワナと脚をもつ人造人間のような怪物だった。博士はダーウィンへの敬意をこめてそれを「食虫植物」と名づけたが、数日後になるとその怪物が弱ってきた。あわてた博士が生きたネズミ、ウサギ、ニワトリを食べさせると元気を回復して花を開く。

それでもまだ満足できないブレイガン博士は、その怪物が本当に意識をもつためには「人間の心臓の血」が必要だと考え、夜を待って近くの病院に忍びこみ、眠っている患者の心臓から血を抜きとる。怪物は成長するにつれて人間の肉も欲しがるようになる。あまりに恐ろしい成りゆきに耐えきれなくなったノリコは、ついに「もはやこれは植物ではなく怪物です。あなたはもう科学者ではなく、狂人になってしまった！」と叫ぶ。やがて怪物は研究所から逃げだして集落をめざし、博士はあとを追う。人類にとって幸運なことに、博士と怪物は山の斜面をころげ落ち、煮えたぎる溶岩のたまった火口に落ちて死んでしまう。

◉その他の「人食い植物」物語

1950年代にアメリカで人気のあったテレビ番組『ヒッチコック劇場 *Alfred Hitchcock Presents*』にも食虫植物が登場するストーリーが出てくる。1959年に放送されたその日の番組のオープニングとエンディングで、ヒッチコック自身が食虫植物をながめながらユーモラスに（同時に少し痛ましそうな口調で）語っている。オープニングでは巨大なユリのような花の横に立ち、カメラに向かっていつものとぼけた口調で「皆さん、今晩は。私はこのきれいな花を親しい友人に送るつもりです」と言いながら大きな肉のかたまりを取りだし、「そろそろ食事の時間だな」と言って花の口に入れる。花は騒々しい音をたてて飲み下す。ヒッチコックは続けて言う。「このような食虫植物はすぐに腹をへらします。このあたりではこの花は生ごみの処理に重宝されてきました。私はこの植物を手放したくはないのですよ。でも私の友人はきっとこの花が気に入るでしょう。それにね、いいいいいいいいいいいいい
この花も絶対に彼を気に入るに違いありません！」

番組のエンディングでも、ヒッチコックは同じ植物の横に立っている。しかし今度は香水のびんを手に持っている。そして花に香水をスプレーしながら「この花にもっと魅力的な香りを持たせようと思っているんです。友だちがもっとこの花に近づくようにね！」と言う。そのうちに、彼はスプレーしながらうっかりびんを花の口の中に落としてしまう。そしてびんを拾おうとして花の中に腕をつっこんだとたん、彼はむしゃむしゃと食べられてしまうのだ。

アメリカのテレビドラマ『アダムス・ファミリー』にはクレオパトラと名づけられた食虫植物の

「ヒッチコック劇場」の食虫植物をテーマにしたエピソードの冒頭の場面。

一種アフリカン・ストラングラーがペットとして登場する。『アダムス・ファミリー』には1960年代に放送されたテレビドラマ、1992年のアニメ版、1998年の実写テレビ版がある。いずれの版でもクレオパトラは一口サイズの肉片を与えられている。1960年版のクレオパトラは特に擬人化されてはおらず、フォークにさしたエサの肉片は葉にさしだされている。しかし1998年版のクレオパトラは映画『リトル・ショップ・オブ・ホラーズ』（1986年）のオードリー2世に似た外見で旺盛な食欲をもち、新鮮なエミューの目玉やネズミから家族の食べ残しまで目についた肉っぽいものなら何でもおやつに食べてしまう。しかし『ザ・グリーン・オブ・ザ・ナイル』というタイトルがついたエピソードでは、「ナイル川の女王」コンテストに出るためクレオパトラは水しか飲まないダイエットをしている。そしてコンテストで「いちばん意地が悪そうで賞」という賞を勝ちとるのだ。一方1992年のテレビアニメ版のクレオパトラはかなり擬人化されていて、大きな唇とピンクの舌のある人間の口そっくりの大きな口をもっていた。

アメリカンコミックの『バットマン』とそれを映画化したシリーズにはポイズン・アイビーの名で知られる怪人が登場する。彼女は、環境保護と植物愛護のためなら断固として戦う狂気の植物学者だ。愛する植物に危害を加えていると判断すれば、いかなる人間も（バットマンも含まれる）容赦しない。特別な植物フェロモンを出して人間を意のままに操ることができ、時には植物と意思を通じあい、力を合わせて敵を倒すこともある。すぐれた科学者でもあるので、食虫植物に突然変異を起こさせたり、強い毒性をもつ植物と交配させたりして多くの新種を作っている。食虫植物と哺乳類の捕食動物とを交雑させることもあった。

アメリカのマテル社が発売している女子高生モンスター人形シリーズ「モンスターハイ」にもヴィーナス・マクフライトラップというポイズン・アイビーに似たキャラクターがある。この人形のシリーズはウェブアニメやテレビゲームなどに展開され、長い人気を誇っている。ヴィーナス・マクフライトラップは「植物怪人の娘」というキャラクターで、外見にもそこはかとなく植物の雰囲気がある。長い蔓を猛烈な速さで伸ばし、それを使って敵に襲いかかり窒息させることができる。大量の花粉を出して雲のように敵を包み、相手の心を操ることもできる。バットマンに登場するポイズン・アイビーと同じく、ヴィーナス・マクフライトラップも環境保護を強く主張し、「エコパンクECOPUNK」などと書かれたバッジやTシャツを身につけることもある。モンスターハイ・シリーズにはペットのいるキャラクターも多く、ヴィーナス・マクフライトラップにはハエトリグサ（英語名ヴィーナス・フライトラップ）に似たチューリアンというペットがいる。このチューリアンは大きな歯を何本ももち、ときどき意地の悪いことをする。

テレビゲームの「スーパーマリオブラザーズ」とそのアニメシリーズにも、食虫植物のハエトリグサに似た「パックンフラワー（英語名はピラニアプラント piranha plant）」というキャラクターが登場する。そのほとんどは土管の中に住み、あまり動かない。ただしプチパックンやジュラシックパックンのように、ハエトリグサのワナの形の頭をもって動物のように動きまわる派生種もある。パックンフラワーはそもそも1985年に発売されたテレビゲーム、スーパーマリオブラザーズの中では主人公マリオの通行を妨げるちょっとした邪魔者だった。しかしスーパーマリオ・シリーズの続編が次々に誕生するうちに、パックンフラワーの種類も増えて、より複雑な特徴を備えるようになった。ゲームをもとにして作られた1990年代のテレビアニメでは、パックンフラワーは大群で襲ってくることが増えている。ルイージがマリオに「草を殺す除草剤（weed-killer）は聞いたことがあるけど、これは草の殺し屋（killer weed）か？」と、群れをなして押しよせるパックンフラワーを見て叫ぶ場面もあった。

アメリカのポップキャップ・ゲームズ社が配信するゲーム「プラントvsゾンビ（Plants vs Zombies）」シリーズは人間のゾンビと動く植物との対戦ゲームである。それに出てくるキャラクターのひとつにハエトリグサから発想を得たチョンパーがある。このゲームの世界では、植物は邪悪な人間のゾンビを倒して世界を救う役目を負っている。チョンパーはゾンビを捕らえると一飲みにしてしまう。ムシャムシャかんでいるとき口からゾンビの腕が1本垂れさがっていることも多い。本

捕らえた虫を消化するハエトリグサ。

物のハエトリグサと同じように、チョンパーも獲物を消化するにはある程度の時間がかかるので、一度獲物を捕らえると、二枚貝のようなワナがカラになって再び噛みつくことができるようになるまで待つ必要がある。続編の「プラントvsゾンビ——庭の決戦」ではチョンパーは前より動けるようになっていて、獲物のゾンビを求めていろいろな場所に移動する。

日本の人気アニメ「ポケモン」シリーズにも食虫植物をテーマにしたキャラクターが登場している。マスキッパはハエトリグサがモデルで「むしとりポケモン、くさタイプ」に分類されている。沼地に生育し、「甘い香りを出して、ほかのポケモンを自分の近くに誘いこんで攻撃する」[16]。ウツボカズラをモデルにしたウツボットは「長い蔓を釣りの疑似餌のように使い、それを動かしては獲物を口へと誘いこむ」。ウツボットの武器は植物ならではの「はっぱカッ

ボルネオ原産のウツボカズラの一種ネペンテス・ノースィアナの低層部の壺。この植物の学名は最初にそれを描いたイギリス人画家マリアンヌ・ノースの名にちなんで付けられた。

ター」「グラスミキサー」「蔓のムチ」などだ。[17]「デジモン」シリーズにも、ハエトリグサをモデルにしたブロッサモンがいる。ブロッサモンにはハエトリグサのようなワナのほかに、触手の先についている小型の花を手裏剣のように飛ばす「スパイラルフラワー」という武器がある。

現代のポップカルチャーを見わたせば、まだほかにも食虫植物をモデルにした怪物が登場する作品はいくつも見つかる。非常にまじめな内容を真摯な姿勢で伝えようとするものもあるが、多くは健康的なユーモアと皮肉がこめられたものである。しかしどんな形をとるにせよ、そうした作品はこの世界に実在する食虫植物の実例をあげることで、少なくとも私たちの心の片隅に、世界のどこかに怪物化した食虫植物が本当にいるかもしれない、という思いをいだかせずにはおかない。

第5章　食虫植物のさまざまな用途

食虫植物は忌まわしいイメージをもたれることが多いが、よく見ればその姿は驚くほど美しい。たしかに、邪悪と思われてもしかたない特徴をもつものもある。ハエトリグサの葉にはとがったトゲが何本もある。ウツボカズラ属のネペンテス・ビカルカラタの捕虫壺には鋭い牙のようなものがある。サラセニア科のダーリングトニアの捕虫壺は鎌首をもちあげて攻撃しようとする毒蛇のコブラのような外見だ。しかし食虫植物をとりまくそうした恐ろしげなイメージを脇に置いてもう一度よく見れば、その造形が息をのむほど美しいことがわかるに違いない。アミメヘイシソウの捕虫壺の鮮やかに彩られた網目模様より美しいもの、ビブリス属がまとう粘液の粒が太陽の光を複雑に反射する輝きよりも美しいものがあるだろうか？　ハエトリグサの捕虫葉の驚くべき色あいとその巧妙な仕組み、控えめに伸びた蔓から垂れさがるウツボカズラの捕虫壺の造形の妙、ムシトリスミレやタヌキモの花の美しさといったらどうだろう！

食虫植物に関するこうした好ましい事実は、広く認められてはこなかったものの一部では高く評価され、次第に美術の題材として取りあげられることも多くなっている。一般家庭でも室内や庭の装飾に使われ、フラワーアレンジメントにも加えられるようになってきた。食べ物や薬剤としても、古くからの利用法に加えて新しい利用法も見つかっている。そればかりか、食虫植物が工業デザインの分野で技術者にインスピレーションを与えることもある。

◉食虫植物をテーマにした現代美術

現代美術の世界で食虫植物を題材とした非常に刺激的な描写としては、マデリン・フォン・フェルスターの作品をあげることができる。彼女は16世紀フランドル派の卵テンペラ画の技法を用いて非常に細密な描写をする現代美術家である。食虫植物やその他の動植物を描いた彼女の作品には、美しいがどこか人を落ち着かない気持ちにさせるところがある。作品の多くは森林伐採や種の絶滅、自生地の消滅など現代の環境問題への問題提起をはらんでいる。そして、人間が自然界のある一面に執着する一方で、全体としての自然環境を破壊していることを訴えてもいる。「私たちは自然を愛する一方で自然を破壊しています。私たちは、自然とのかかわり方がよくわかっていないのです」とフェルスターは言う。[1] 彼女は自分の作品について「生きている静物を描いたもの。自然は支配したり操ったりできるものという人間の思いこみを明らかにしてみせるために、私は意図的にこのような題材を選んでいます。しかしもっと深いところでは、これらの作品は危機に瀕した自然界に捧げる祭壇なのです」[2] と語っている。

彼女の作品の中でも特に食虫植物が重要なモチーフになっているのは「食虫植物の祭（コーネル

マデリン・フォン・フォレスター作「食虫植物の祭（コーネルとヘッケルのためのキャビネット）」（2013年）。板に描いた卵テンペラ画。

とヘッケルのためのキャビネット）Carnival Insectivora（Cabinet for Cornell and Hackel）」（2013年）、「私のダーリングトニア（My Darlingtonia）」（2009年）、「個性的な女性たち（Donne Unica）」（2011年）の3点である。この3点のどれもが「私の植物に対する執着と愛情を呼びおこすと同時に、これらの植物に危害がおよばないよう守りたいという気持ちをかきたてます[3]」とフェルスターは言う。

「食虫植物の祭」では、何種類かの食虫植物を注意深く配置して生けた浅い花瓶が、白塗りの木で作られた飾り棚に置かれている。花瓶にあるのはドロソフィルム、ダーリングトニア、ハエトリグサ、各種のサラセニア（ヘイシソウ）、モウセンゴケ、ヘリアンフォラ、ウツボカズラだ。それらに加えて花瓶と植物を包みこむようにしている左右ふたつの白い手も描かれている。しかしその手がついているはずの体は描かれておらず、奇妙な、シュルレアリスム的な印象を与えている。もっともその手の位置と磁器製とも見える白い袖口を見れば、磁器の花瓶に取り付けられた飾りのように見えなくもない。またこの両手の抱きかかえるようなポーズは「これらの生きた宝石の多くは過剰に収集されているせいで絶滅する恐れもあるので、それを守ろうとする意味もこめられています[4]」。しかし私たち人間と自然との複雑な関係性を考えると、別の解釈もできるとフェルスターは言う。

ここに描かれた手のポーズを悪く解釈すれば、欲ばって全部抱えこもうとしているようにも見えます。残念ながらその解釈も間違いではない。愛されているがゆえに、絶滅の危機にある植物もあるからです……皮肉なことですが、私たちが素晴らしいと思う気持ちが、残されている野生の食虫植物を滅ぼすことにも救うことにもつながるのです。[5]

巧妙に配置された食虫植物の美しさをさらに増しているのが、宝石で作られた虫たちだ。金と宝石で作られたクモが貴石を連ねた鎖からぶら下がっている。サラセニアの近くには宝石のトンボが止まっている。ひとつの手はウツボカズラの壺の側面に止まった貴石の甲虫の上に置かれている。繊細に作られた宝石の虫たちは人間から見れば花瓶の植物をより美しく見せる効果があるが、食虫植物にとっては何の役にもたちそうにない。それに、この小さな飾り棚の中に入れられたら、飾りとしては素晴らしい効果があるにしても、植物の側から見れば繁殖はもちろん生き続けることもできそうにない。人間は良かれと思ってしたことかもしれないが、どう見ても捕らわれの身である。

「わたしのダーリングトニア」と題された絵画は、ダーリングトニアの捕虫壺を片手にもつ裸の女性の上半身を描いた作品である。女性のもう一方の手は糸に通した真珠の連なりをサラセニア（ヘイシソウ）の捕虫葉の口の中に垂らしている。女性は真珠のイヤリングを飾り、手にしたダーリングトニアの突きだした舌のような部分にも真珠がついている。この絵画から読みとれる人間と虫と食虫植物との関係性はじつに不可解だ。女性の前に置かれた皿には巨大なハエの死骸がのっている。しかしこの女性はシュルレアリスム的な存在であるハエを食虫植物に与えるのでなく、捕虫葉の口に連ねた真珠を垂らし入れている。それは高価なエサではあるが、もちろん植物にとっては無用のものだ。

「個性的な女性たち」と題された絵画にも多様な食虫植物が描かれている。しかし描かれた食虫

マデリン・フォン・フォレスター作「私のダーリングトニア」(2009年)。板に描いた卵テンペラ画。

マデリン・フォン・フォレスター作「個性的な女性たち」(2011年)。板に描いた卵テンペラ画。

ジェイン・イアニエロ作「ワナにかかって Trapped」(2016年)。キャンバスに描いたアクリル画。

植物はどれも捕虫器である葉の部分だけを切りとったもので、それが女性の姿と「個性的な女性たち」の字句で飾られたロマネスク様式の水差し風の花瓶に生けてあるのだ。ここでも、食虫植物は細部まできわめてていねいに魅力的に描かれている。花瓶のすぐわきにはハエが止まっている。これを描いたフェルスターは「これを見る人がハエと同じようにこれらの植物の危険な魅力にあらがうことができず、思わず引き寄せられるように感じてほしかった」と語っている。[6] しかしここに描かれた食虫植物はどれも本体から切りとられた部分であり、ハエにとっては大して危険なものではない。そして切り花と同じように、切られた食虫植物の美しさもいずれは失われていく運命にある。それでもなお、この絵画は食虫植物の言葉にはできないほどの美しさを存分に表現していることに変わりはない。

オーストラリアの画家ジェイン・イアニエロは、1940年代50年代にハリウッドで制作されたスリラー映画の場面と、派手な色の巨大化した食虫植物とを組みあわせた空想的な絵画を描いている。彼女が「恐怖の光景（ノワールスケイプス *nourscapes*）」と呼ぶそれらの作品は「ミステリーの雰囲気を漂わせながら、見る人が不安になるように意図した」ものである。[7] 彼女の絵画から受ける不穏な力強さは、普通なら出会うことなどあり得ないふたつのものを並置していることに由来している。描かれているものを個々に見れば、とくに害はなさそうに見える。食虫植物（ヘイシソウ、モウセンゴケ、ハエトリグサ）は植物画として正確に描かれている。組みあわせてある古いハリウッド映画の女優の画像は、少し大げさな表情をしているものの、取り立てて不安をあおるほどでもない。しかし人物の横に置かれた食虫植物だけが実物よりはるかに大きいことが、不穏な効果をもたらしているのだ。並置されている人物と植物の大きさがアンバランスであるために、植物の美しさが強調されると同時にその捕食植物としての禍々（まがまが）しさも増幅されているのである。

アメリカのガラス造形作家エヴァン・コルカーには、ガラスと金属を組みあわせた一連のウツボカズラ（ネペンテス・ビカルカラタ）の彫刻作品がある。[8] ガラス製のウツボカズラには捕虫壺のふた、牙のようなトゲ、壺のふくらみ、翼のような部分などが美しく正確に再現されている。茎と光合成をする葉の部分は金属の彫刻になっていて、吹きガラスの技法で作られた壺の部分がガラス製

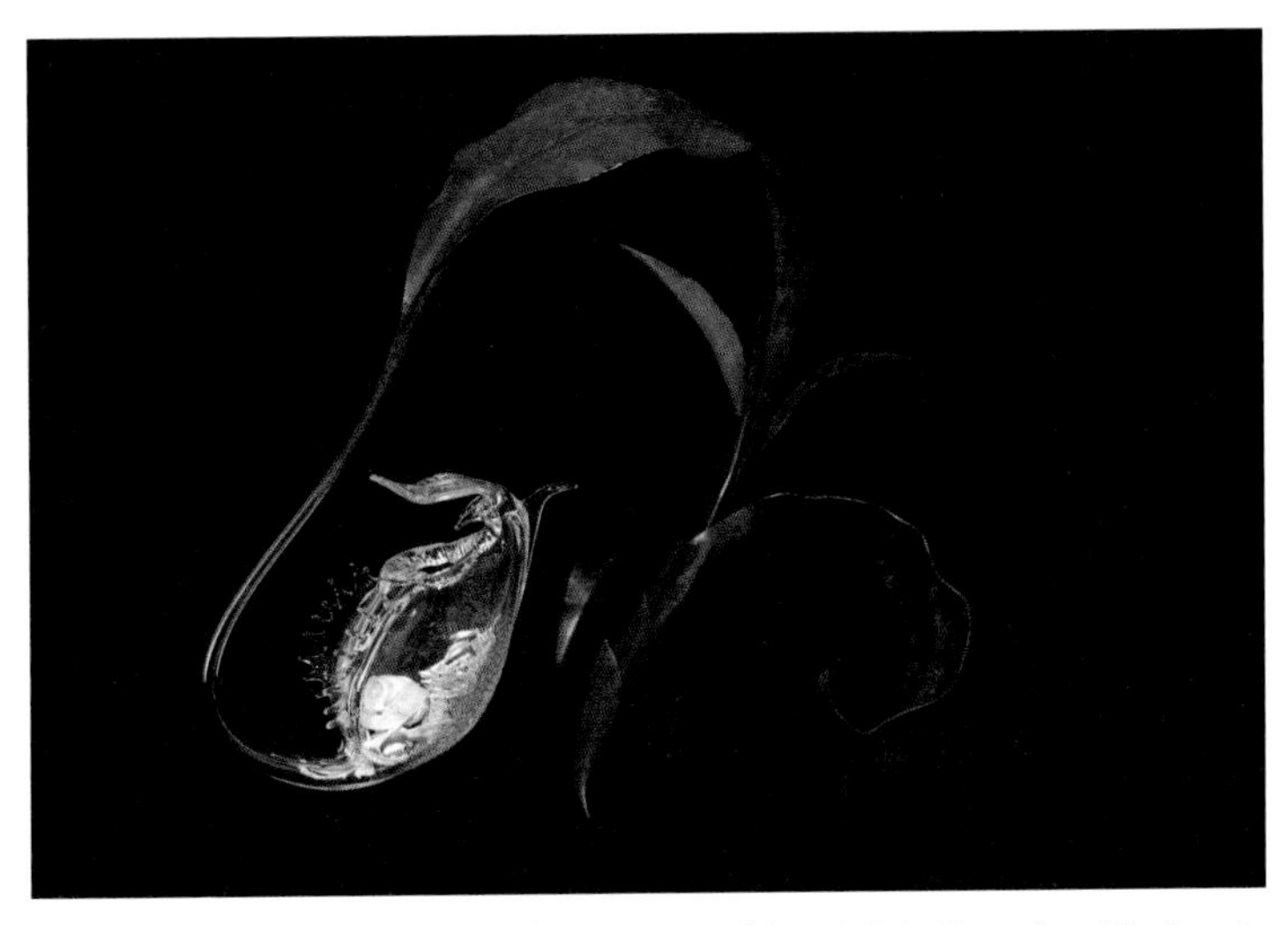

エヴァン・コルカー作「自立するネペンテス・ビカルカラタ Nepenthes Bicalcarata Stans Solus」(2013年)。ガラスとスチール。

の繊細な巻きひげの先にぶら下がる造形との対比が絶妙である。ガラス製の壺のいくつかは実際のウツボカズラに近い彩色がほどこされている。それ以外の壺は透明なガラス製で中を見ることができ、そこには食虫植物であることを強調するために動物の骨のかけらが――その壺は食事を終えたばかりだと言わんばかりに――入っている。一連の作品のひとつひとつのタイトルには、学名ネペンテス・ビカルカラタのうしろに食虫植物らしさを強調するような言葉――イン・コグニト(正体を隠した)やイン・アニムス(敵意のある)など――がつけ加えてある。

ジェイソン・ガムラスはワシントン州シアトル出身のガラス作家である。彼の作品のほとんどは実物より大きなガラス製の植物で、食虫植物をモデルにしたものも多い。彼は自然を大いに賛美する立場をとっていて、植物の形を拡大することでその驚くべき精妙さ、完成度の高さを私たちに伝えようとしている[9]。サラセニア(ヘイシソウ)をモデルにして吹

ジェイソン・B・ガムラス作「サラセニア」(2013年)。吹きガラスとガラス彫刻。

きガラスで作った彼の作品は高さが1メートル以上ある。ガラス製なので光を通し、本物のサラセニアが捕虫葉で獲物を誘惑するのと同じように内側から怪しい光を発している。吹きガラスでこのような形状のこれほど大きな作品を作るには、かなりの技術が必要だ。しかもガムラスは吹きガラスの技術に優れているだけでなく、植物の形状を細部まで美しく繊細に仕上げることにも成功している。彼にはスチール製の茎に吹きガラスのワナをつけたハエトリグサの彫刻作品もある。彼の素晴らしい作品は多くのギャラリーだけでなく、それ以外の場所にも展示されている。いくつかの植物園では、本物の食虫植物に混じって彼の作品が展示されている。

ダン・コーソンは、ウツボカズラをモデルにした一連の屋外展示用の大型彫刻作品を、ガラスではなく半透明のガラス繊維で作っている。高さ5メートル以上あるそうした作品は「さまざまなウツボカズラの形からヒントを得たもので、都市景観の多様性と独自性に寄与している」[10]。彼の彫刻は、形はどれも似ているがさまざまな色や柄で飾られている。オレゴン州ポートランドの各地に展示されており、街灯として使われている物も多い。明かりをともせば色や柄がさらに変化して美しい。コーソンはとくに彼の彫刻に明かりを灯して「昼と夜でまったく異なる環境を生みだすこと」に喜びを見出しているようだ[11]。彼の作品は日中には降りそそぐ太陽光を半透明のガラス繊維を通して外へ出す。どの作品も太陽電池を備えていて日中に電力を蓄え、夜になるとそれを使って内側から作品を照らす。明かりがともると、ウツボカズラの壺をかたどった巨大な彫刻は徐々に色彩と色の濃さを変えていくのである。

ポール・ヒルはハエトリグサのふるさとノースカロライナ州に居住し、その地でハエトリグサを

ダン・コーソン作「ウツボカズラ」(2013年)。ガラス繊維ミックス素材に彩色。

ポール・ヒル作（左）「自然の抱擁」（2014年）。耐候性の錆をつけた鋼材と溶解ガラス。（右）「南部のもてなし」（2014年）。炭素鋼と溶解ガラス。

モデルにした作品を制作している彫刻家である。彼の作品も高さが5メートル近くあり、スチールと溶融ガラスを組みあわせて作られている。[12] 2014年に制作された「自然の抱擁 *Natural Embrace*」という一風変わったタイトルの作品の茎は耐候性の錆をつけた鋼材で、ワナは明るい緑色の溶融ガラスで作られている。この赤と緑のはっきりした色分けは、まさにハエトリグサのものだ。くねくねした動きを感じさせる茎の形と大きく口を開いたワナは、いかにも獲物を待ち受けているようで、これを見れば「自然の抱擁」というタイトルも納得できる。ここまで大きいものを見せられると、映画などに出てくる人食い植物もあり得るような気がしてくる。

やはり2014年に制作されたヒルのハエトリグサ・シリーズのもうひとつの作品は「南部のもてなし *Southern Hospitality*」というタイトルで、磨きあげたスチールで作られた複雑な――まるで金線細工のような――デザインの茎をもっている。それに取りつけられた型押しガラス製のワナは、日中は太陽光を、夜間はスポットライトの明かりを反射して美しく輝く。この作品のタイトルは、アメリカ南部の住人は旅人を親切にもてなすという評判にちなんだものだが、もちろん皮肉である。ハエトリグサが訪れる虫を親切にもてなすわけがない――そしてこれほど巨大なハエトリグサの上に旅人がつまずいて倒れれば、もてなしどころではないのだから。

◉食虫植物はこんなところにも使われている

ムラサキヘイシソウ（サラセニア・プルプレア）はカナダのニューファンドランド・ラブラドール州の州花と定められている。実際にこの地域には広く分布しているし、このあたりはサラセニア属が自生する北限でもある。最初にこの植物をニューファンドランドの公式な州花にしようと提案したのは、ヴィクトリア女王だった。続いて1865年にはこの植物が1セント硬貨の図柄に採用され、裏面にその葉と花を組みあわせたリースが刻まれた。これは食虫植物を図柄にした世界初の硬貨である。1938年になるとこの硬貨のデザインが変更され、より細かく描写されたサラセニア・プルプレアの全体像が1セント硬貨を飾ることになる。この硬貨は、1947年にニューファンドランド州がカナダの硬貨を採用するまでずっと鋳造されていた。現在ではこの植物をデザインしたマークがニューファンドランド・ラブラドール州の州名に添えるワードマークとして採用されており、掲示物や州の刊行物だけでなく車のナンバープレートにも添えられている。

最近では東南アジアのいくつかの国が通貨にウツボカズラの図柄を採用するようになり、マレーシアの20リンギット紙幣、ブルネイの5ドル紙幣にそれが見られる。セーシェル諸島では1998

年から2016年まで100ルピー紙幣にウツボカズラが描かれていた。今でも5ルピー硬貨にはウツボカズラの図柄が使われている。

1960年代以降、世界のかなりの国で発行された切手に食虫植物の図柄が使われている。マレーシア、ラオス、セーシェル諸島、シンガポール、インド、パラオなどのアジアの国々はそれぞれの固有種であるウツボカズラの切手を発行している。オーストラリアも、国内に自生する食虫植物の固有種ネペンテス・ロワニアエ（ウツボカズラの一種）、セファロタス・フォリキュラリス（フクロユキノシタの一種）、ドロセラ・ロウリエイとドロセラ・ルピコラ（ともにモウセンゴケの一種）のそれぞれをひとつずつとりあげた60セント切手のセットを2013年に発行した。このセットの切手には、植物だけでなく獲物の姿も描かれていた。つまりウツボカズラにはカエルが、フクロユキノシタにはアリが、モウセンゴケにはハエとチョウの姿が添えられているのだ。オーストラリアからはドロセラ・ミクロフィラを描いた2ドル切手も発行されている。

イギリス植民地時代のニューファンドランドで発行された1セントコイン。1941年製。裏面にサラセニアの一種ムラサキヘイシソウの図柄が刻まれている。

1996年にはオーストラリアの切手にも

なっているセファロタス・フォリキュラリス（フクロユキノシタ属）の32セント切手が、国連の発行する絶滅危惧種の切手シリーズに加えられた。

アメリカ合衆国では2001年に、4種の異なる食虫植物をデザインした34セント切手が発行された。それぞれキバナヘイシソウ（サラセニアの一種）、ハエトリグサ、ドロセラ・アングリカ（モウセンゴケの一種）、ダーリングトニア・カリフォルニカ（コブラプラント）が描かれた4種の切手にはすべて、ワナに捕らえられた獲物、あるいは今にもつかまりそうな獲物の姿が植物とともに描かれている。カナダは1966年にサラセニアの、2006年にムシトリスミレの切手を発行した。

ほかにも多くの国が食虫植物の切手を発行している。描かれているのはその国に自生している食虫植物の場合もあれば、他国の珍しい植物の場合もある。ガイアナは1971年に固有種のヘリアンフォラ・ヌカンスをデザインした1セント切手に「ロライマ山に自生する食虫植物」という文字を添えて発行した。アイルランドは1978年にムシトリスミレの一種を描いた切手を、1995年に数種のサラセニアを描いた切手を発行した。サンピエール島およびミクロン島は1962年にサラセニアの、2007年にはサラセニア、ムシトリスミレ、モウセンゴケ、タヌキモを描いた切手を発行している。日本も1978年に絶滅危惧種の固有種コウシンソウ（ムシトリスミレ属）の切手を発行した。

食虫植物の人気の高まりを反映して、最近では自国の固有種に限らず世界中の珍しい食虫植物を切手のデザインに採用する国も出てきた。2000年にはソマリアがドロセラ・ブルボサ（モウセンゴケの一種)、ドロソフィルム、ハエトリグサの切手を発行した。セントビンセントおよびグレナディーンは2005年にウツボカズラ、ムシトリスミレ、ハエトリグサ、モウセンゴケの切手を発行した。ギニアビサウは2014年にフクロユキノシタ、サラセニア・オレオフィリア、ムシトリスミレ、ブロッキニア・レドゥクタ、ヘリアンフォラ、ハエトリグサの切手を発行している。そして2015年にはサントメ・プリンシペがネペンテス・アリストロキオイデス、オオウツボカズラ(ネペンテス・ラジャ)、ドロセラ・ロライマエ、ヘリアンフォラ・イオナシ、ハエトリグサの切手を出した。

マレーシアやシンガポールを始め東南アジアの国々では、サラセニアやウツボカズラなどのピッチャープラントは誇るべき一種の偶像となっている。そうした植物が何かというと引合いに出され、時には意表をつくような使われ方をすることもある。セーシェル諸島の首都ヴィクトリアでは、いたる所にウツボカズラの形をしたコンクリート製のゴミ箱が設置してある。マレーシアの首都クアラルンプールのムルデカ・スクエアの近くにはペリウク・ケラ・ファウンテンと呼ばれるウツボカズラの大きなオブジェがある。巨大な8個の捕虫壺が太い木の幹にからみついた形のこのオブジェは、いちばん上の壺から順に水が流れ落ちる噴水になっている。ペリウク・ケラは現地の言葉でウツボカズラを意味する。

東南アジアの植物園には、ウツボカズラなどの食虫植物の展示に工夫をこらしている所が多くある。たとえばシンガポールのガーデンズ・バイ・ザ・ベイの例を見てみよう。この植物園には会員になるとさまざまな特典があることを知らせる大きな広告板がいたる所に設置してあり、そこには

地元では「ペリウク・ケラ・ファウンテン」と呼ばれているウツボカズラの巨大な噴水彫刻。マレーシア、クアラルンプールのメルデカ地区にある。

食虫植物にちなんだキャッチフレーズを画像とともに掲げたシンガポールの広告看板。

食虫植物の画像を添えたキャッチコピーがある。たとえばサラセニアの色鮮やかな捕虫壺の画像には「より安くより多く飲もう」、ハエトリグサのワナを拡大した画像には「もっとお得にもっとたくさん食べよう」というキャッチコピーが添えてある。そればかりか、マレー半島一帯の土産品店にはペンやペーパーウェイトから各種の衣類までウツボカズラをデザインしたさまざまな商品が並び、透明な樹脂の中に本物の捕虫壺を切って閉じこめた商品まである。冒険好きな観光客のためには、ボルネオ島を始め東南アジア各地のジャングルに入って食虫植物を見る、ガイドつきのグループツアーも用意されている。

◉食虫植物を食べる

食虫植物が人間を食べるというのは想像の世界の話だが、人間が食虫植物を食べる例は昔からあった。いろいろな食虫植物が伝統医療やホ

ウツボカズラの壺にコメを入れて蒸した軽食「プルト・ペリウク・ケラ」。

メオパシーなどの民間医療で使われてきたし、マレーシアにはウツボカズラの壺を使って粥のようなコメ料理を作る伝統が古くから伝わっている。

ウツボカズラの壺を料理に使う伝統は何世紀も前からあったようだが、最初にそれについての報告を書いたのはイギリスの植物採集家フレデリック・バービッジだと見られている。彼は1897年に「ラワスの川のほとりに住むカディアン族の族長の家に滞在していたとき、彼らはネペンテス・フッケリアナの壺にコメを詰めて調理したものを、ジャングルの果実やバナナとともに甘いお菓子として私にふるまってくれた」と書いているのだ。[13] この料理は地元では今もプルト・ペリウク・ケラ（ウツボカズラ・ライス）という名で食べられている。壺そのものを食べることはなく、マレーシアのレマングなどこれに似た他のコメ料理で使われるバナナの葉と同じように一種の入れ物として使われているのだ。地元の人々に言わせれば、ウツボカズラの壺を使うとコメに独特の風味がつくらしい。この料理には、摘みとったばかりの新鮮な壺を使う。それをきれいに洗い（虫の残骸があればもちろん除いて）、巻きひげとふたと翼のような部分、それに口の周囲の部分はすべて取る。その中へコメとココナツミルクを混ぜたものを詰め、約40分蒸したら出来上がりだ。

このウツボカズラ・ライス、一部の先住民が作っていた限られた地域の伝統食だと思われるかもしれないが、今では全国的な広がりを見せ、市場や街角の屋台でも買うことができるようになっている。というのも、２０１３年にマレーシアの人気長寿アニメ「ウピンとイピン」に、主人公のふたごの幼稚園児ウピンとイピンがこのウツボカズラ・ライスの作り方、歴史、重要性や美味しさを学ぶというエピソードがあったおかげで、多くの人々の関心を集めたのである。

伝統医療の世界では、古くからウツボカズラが広く使われていた。ふたを閉じた壺の中の水は奥地のジャングルを探検するさいには貴重な飲み水の供給源であり、胃の不調や呼吸器系の不調などにも効くとされていた。茎や根を煮てマラリアや胃痛の薬にすることもあった。[14] ウツボカズラの一種ネペンテス・ミラビリスを使った漢方薬は、尿路感染や高血圧の治療に使われていた。[15]

比較的最近では、いくつかの食虫植物がホメオパシー治療に好んで使われるようになっている（ただし現時点では、その効果が科学的に証明されたわけではないことを知っておく必要がある）。ハエトリグサから抽出したエキスは入手が容易で、ある種の癌（がん）の補完的な治療に有効なサプリメントとされている。このサプリメントを Carivorous plant（食虫植物）にちなんで「カーニヴォラ *Car-*

ロンドンのキューガーデンにあるムラサキヘイシソウ。

novora」の商品名で販売しているメーカーは、それが「腫瘍の成長を妨げ」「免疫反応を亢進させる」と主張している。[16] これまでのところその主張は科学的には実証されていないが、ハエトリグサに何らかの抗癌作用がある可能性を示唆する研究が少なくとも1件はある。それによると、ハエトリグサには抗癌作用のある化合物、より具体的に言えば「予防および治療効果のある化学物質」が含まれていて、それはある種の癌に有効だということになる。その研究で列挙されている化学物質のほとんどは他の植物にも含まれているのだが、ハエトリグサだけがもつ化合物がひとつだけ発見され、ディオムスキプローネ（*diomuscipulone*）と名づけられた。これについてはさらに研究を続ける必要があるが、何らかの補完的な治

販売用に栽培されているモウセンゴケ。

療効果をもつ可能性はある。[17]

ムラサキヘイシソウ（サラセニア・プルプラエ）は先住民コミュニティーで古くから薬として使われていた。たとえばカナダのケベック州北部に住むクリー族は、伝統的に「糖尿病のような症状の治療」にムラサキヘイシソウを使っていた。[18] 最近の研究によっても、それが「糖尿病の合併症の代替的、補完的な治療」に使える可能性が示唆されている。[19] この植物から抽出した物質は、古くから慢性的な痛みの補完的治療に広く使われてきた。「サラピン」の名称で販売されているその薬品はムラサキヘイシソウを乾燥させ粉末にしたものを液体に混ぜたもので、人間または動物の痛みのある箇所に局所的に注射する鎮痛剤として何十年も前から使われている。多くの人がその効果を認めているものの、今はまだ有効性の科学的立証には至っていない。500人の患者を対象に行ったある治験では「サラピンを投与しても痛みの緩和および緩和の継続時間に著しい差は見られなかった」。[20]

シンガポールのガーデンズ・バイ・ザ・ベイで販売されている土産品のひとつ。食虫植物の壺を樹脂のかたまりに封じこめたもの。

モウセンゴケ属のいくつかの種は伝統医療およびホメオパシー治療に使われている。モウセンゴケは強力な抗炎症作用をもつと見なされており、少なくとも1800年代以降は喘息と百日咳の治療に使われてきた。現在では、モウセンゴケから抽出した物質は液体または錠剤の形で簡単に入手でき、おもに炎症の治療に使われている。近年になって、モウセンゴケの抗炎症作用が癌の治療に有効かどうかを調べるいくつかの研究が行われているが、これまでのところ明確な結論は出ていない。[21]

◉食虫植物をデザインする

食虫植物の姿はさまざまに図像化され、ファッションの世界にも進出している。2015年にはスポーツ用品の大手であるナイキ社が、バスケットシューズの新シリーズ「カイリーⅠフライトラップ」を売り出した。ナイキによれば「カイリーⅠフライトラップは先進的な機能のバスケットシューズに、

多肉質の葉をもつアシナガムシトリスミレ（*Pinguicula moranensis*）とヒメアシナガムシトリスミレ（*P. esseriana*）の寄せ植え。

秒速の攻撃を象徴するハエトリグサ（ヴィーナス・フライトラップ）のデザインを添えたもので、緑色とマンゴー色の配色はハエトリグサからインスピレーションを得ている」ということだ。[22] 配色だけでなく、靴の甲の部分にはハエトリグサのワナのトゲをモチーフにした柄が入っている。一方、競合するコンバース社は「ジャックパーセル」シリーズのスニーカーにウツボカズラとハエトリグサをプリントしたものを売り出した。

面白いことに、食虫植物は工業デザインの分野でもインスピレーションを与えてきた。たとえばハエトリグサのワナが一瞬で獲物を捕らえる――二枚貝に似た形の葉が凸型から凹型に瞬時に変化して獲物を閉じこめる――仕組みを応用した装置が完成すれば、輸送機械や製造機械、ロボット工学などの分野は大きく進歩するだろう。さまざまな部品を組み合わせた装置が、蝶番（ちょうつがい）を使わなくても素早く開閉できるようになるかもしれない。[23] もうひとつの可能性は、ウ

ダーリングトニアの捕虫壺の作り物がポイントになっている造花のフラワーアレンジメント。中国、北京。

ツボカズラの壺の口元の、そこに止まった獲物が非常に滑り落ちやすい構造の応用である。うまくいけばつるつるで、そこには何も付着することができない表面素材が開発できるかもしれない。[24] そのような素材の用途は医療機器からソーラーパネルまで、無数にありそうだ。一方、モウセンゴケの粘液は天然由来のナノ粒子やナノ繊維を含んでいるために、強力な粘性を備えていることがわかっている。そこで研究者たちは、そうしたナノ化合物を人工的に合成し、超強力な接着剤を作る可能性をさぐっている。[25]

サラセニアの花はフラワーアレンジメントに用いられることも多い。下向きに垂れさがって咲く花も美しく珍しいが、花びらが散ったあとも萼片(がくへん)が長いあいだそのまま残っているので、数週間はアレンジメントを見て楽しむことができる。[26] しかしとくに最近の北米や日本では、花ではなく色鮮やかな捕虫葉をアレンジメントの材料として使うことが流行っている。とくに人気があるのはサラセニア属やダーリングトニア属の捕虫葉だ。捕虫葉を見て花と勘違いする人もいるから(虫たちの場合は、同じ勘違いをしたことが命取りになるわけだが)、フラワーアレンジメントに使われても特に違和感はない。時には捕虫葉だけが使われていることもあるが、別の花と組みあわせて飾られることもある。少し前まではサラセニアやウツボカズラは自生地で採集してくるものだったが、今では販売用に栽培する業者が増えて入手しやすくなっている。鉢植えや地植えのサラセニアは観光用の庭園や屋内の装飾にも使われている。シルクやプラスチックで作られたウツボカズラ、サラセニア、ダーリングトニアなどの造花も作られるようになり、装飾用として人気が高まっている。

第6章　食虫植物の採集・栽培・保護

１８００年代には食虫植物が容易に入手できるようになり、イギリスおよびヨーロッパ、北米では専門の園芸業者がさまざまな種類の食虫植物を売り出していた。特に有名だったのはイギリスのヴィーチ商会で、１８８１年発行の「ガーデナーズ・クロニクル」誌には次のような記事がある。

ヴィーチ商会を訪れてそのウツボカズラのコレクションを見れば、植物愛好家なら誰もが魅せられてしまうに違いない。いや、まったく関心のない人でも興奮せずにはいられないだろう。温室いっぱいに植えられたウツボカズラが自由気ままに枝を伸ばしカップを垂らす様子や、その華麗な形と色の競演を見れば、もはや驚嘆するしかあるまい。[1]

アメリカの多くの育苗業者もウツボカズラを扱っており、図版入りのカタログを見て取り寄せることもできたが、北米大陸に自生する食虫植物と比べればはるかに高価だった。ワシントン・DC

ウツボカズラの栽培種。深紅の捕虫壺をもつ。

で発行された「ジョン・ソールの園芸カタログ」の1884年春号にはいろいろなウツボカズラが載っているが、1苗5ドルという価格は北米大陸原産のサラセニア（ヘイシソウ）の30セント、ハエトリグサの25セントと比べるといかにも高い。[2]

アメリカ、ニュージャージーの育苗業者ピッチャー&マンダ社は1892年版のカタログにウツボカズラ属を多く掲載し「これらはもっとも珍しく興味深い栽培種です。このどれかが含まれていない限り、完全なコレクションとは言えないでしょう」と書きそえている。ここでも5ドルという価格がついていた。[3] 同じくニュージャージーのベルヴュー園芸店は、1897年のカタログに載せたムラサキヘイシソウ（サラセニア・プルプレア）について「葉の色の鮮やかさは最高級のベゴニアにも匹敵し、大きな紫の花は美しく香り高い」と書いている。これが1苗15セントまたは1ダース1ドルで買えたのだ。[4]

同じく有名なアメリカの園芸店、ニューヨークの

F・ワインバーグも定期的にカタログを発行し、さまざまな食虫植物を売り出していた。1906年のカタログには次のような記載がある。

> 食虫植物は面白い植物です。池のある庭や屋外の温室、屋内のサンルームで育ててもいいし、鉢植えの観葉植物として室内や窓辺に飾ることもできます。少しミズゴケを混ぜた砂を含む土で育てればよく成長し、毎年花茎を高く伸ばして開花します。虫を食べる植物として知られているとおり、蚊やハエなどはこうした植物にうっかり止まったら、まず逃げることはできません。[5]

このカタログでは、比較的値段の高いオーストラリア産のフクロユキノシタが1苗7ドル50セント、各種のウツボカズラが2ドル～7ドル50セントとなっていた。値段が安いのはモウセンゴケで、サスマタモウセンゴケが50セント～1ドル、アフリカナガバノモウセンゴケが35セント～1ドル、コモウセンゴケは少し高くて75セント～2ドルといったところだった。サラセニア（ヘイシソウ）の場合は「アメリカ北部の湿地帯に自生している丈夫で扱いやすい食虫植物です。この上に止まったり、落ちたり、這ってきたりした虫はもう逃げられません」との解説付きで、アミメヘイシソウが25～50セント、キバナヘイシソウが20～50セント、ムラサキヘイシソウが15～35セントと、かなり手ごろな価格になっていた。ダーリングトニア・カリフォルニカ（英語名コブラプラント）は50セント～1ドル。ハエトリグサは1苗20セント、3つまとめて買えば25セントで「植物の世界に数あ

ヴィーチ商会のウツボカズラの温室。「ガーデナーズ・クロニクル・アンド・アグリカルチュラル・ガゼット」誌1872年版より。

る不思議のひとつがこれ。葉の先端がカギ爪のようになっていて、そこに生えているやわらかいトゲは敏感なセンサーです。飛んできた虫がそれに触れればあっという間にカギ爪が閉じるのです」との解説付きだった。[6]

1908年には園芸業界の大企業ジーブレヒト&サン社がニューヨーク州内に2か所の育苗園を、さらに「西インド諸島に所有する農園にも大規模な熱帯植物の育苗場」を経営していた。この西インド諸島の育苗場のおかげで、同社は「北米では育てるのが難しい熱帯性植物を最適の環境

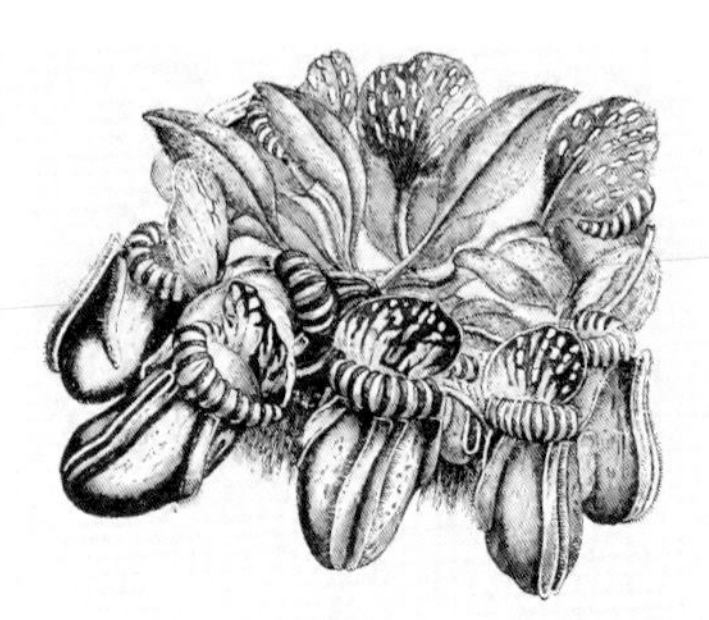

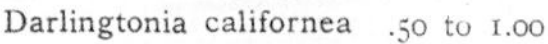

食虫植物の広告。F. ワインバーグの「サボテンと新奇な植物のカタログ」の1906年版より。

で短期間のうちに完全に生育させる」ことができ、野生種と交雑種を合わせて35種のウツボカズラを2～5ドルで、フクロユキノシタを5ドルで売りだしていた。[7]

北カリフォルニアを拠点としていたノースカロライナ州出身の植物コレクターで育苗および卸業者のE・C・ロビンズは、１９２４年に間違いなく最大のスケールの食虫植物のカタログを発表した。そのカタログには「完璧に育ったキバナヘイシソウ１０００株が80ドル、選び抜いた丈夫なハエトリグサ１０００株が１００ドルという超特価」で記載されていた。[8] その当時、こうした食虫植物の多くは自生地から採集したものだったはずで、１０００株も採取すればその自生地の植物が激減したことは容易に想像できる。このような行為が何十年も続いてきたせいで、今や野生のハエトリグサは全世界で3万５０００株ほどしか残っていないと見られている。[9]

●「ペット」になった食虫植物

20世紀も中頃になると、食虫植物とくにハエトリグサは安定した人気をもつようになっていた。その理由のひとつには、さまざまなポップカルチャーでハエトリグサが題材に使われるようになったことがある。しかし1950年代から1980年代にかけて、園芸業者がコミックブックなどの青少年向けの媒体を使って食虫植物の通信販売の宣伝を強力にくり広げた影響も大きかった。

こうした宣伝の効果があがるにつれて、商品である食虫植物に添えられる宣伝文句も進化し、異国風の珍しい植物というイメージから、ハンバーガーの残りをちぎって食べさせることのできる飼いならされたペット、というイメージが強調されるようになった。「腹ペコの植物がハエをつかまえて食べる！」「きみの指から直接ひき肉を食べさせることができるよ（人間にかみつくことはないから大丈夫）」「このワナは自分が噛みこなせないもの——人の指とか鉛筆——にも噛みつくけれど、噛みちぎることはないよ」といった具合である。かなり最近の1980年代の広告にも「この植物がどうやって自分の20倍も大きい虫をおびき寄せて、つかまえて食べて消化してしまうのか観察してみよう！　きみの鉛筆に噛みつくようにこの植物を仕込んでみよう！　きみの手から生のひき肉を食べさせてみよう！」と、ハエトリグサの持ち主になった少年に向かって、どう見てもペットの動物にするようなことをやってみようとそそのかしているとしか思えないものがあった。

今も多くの育苗業者やホームセンターは、食虫植物をとりまく昔ながらの神話めいたイメージを利用しているように見える。卸業者は売り物のハエトリグサに「牙」「パクパク食べる」など目を引きそうなラベルを貼りたがり、サラセニアには「丸のみする胃袋」「飢えた胃袋」などのキャッチフレーズをつけたがる。これも食虫植物であることを示すだけでなく、動物のペットに似たイメー

「ファング（牙）」の商品名で売られるハエトリグサ。

ジをもたせようとする気持ちの現れだろう。

食虫植物のペット化という現象は、アメリカの画家で、イラストレーター、コミック作家としても活躍したウィル・エルダーが描いた1枚の絵画からもはっきり見てとることができる。彼は「祖父母シリーズ」と呼ばれる一連のユーモラスな絵を描いていて、そこに描かれたおじいちゃん、おばあちゃんは、親なら許さないような行動を孫にけしかけたりしている。アメリカの家庭によくある光景だ。そのうち、食虫植物のある温室の中を描いた「おばあちゃんの家で *A Visit to Grandma's*」という作品は、20世紀初頭のアメリカの小さな町の市民生活を温かいタッチで描いて大衆に愛された画家ノーマン・ロックウェルの作風を忠実になぞって描いたパロディーで、ロックウェルのサインをまねて「ロックウィル・エルダー」という偽名のサインまで入れてある。

ウィル・エルダー作（サインはロックウェル・エルダーとしてある）「おばあちゃんの家で」。ノーマン・ロックウェルの画風をまねたパロディーで、食虫植物の行きすぎたペット化を皮肉っている。

一見しただけでは、この作品の光景はまったく無邪気なもののように見える。祖父母宅の温室で、おじいちゃん、おばあちゃんとふたりの孫が楽しい時を過ごしている場面だろう。だがよく見ると何かがおかしい。少年は、普通より大きく描かれたハエトリグサにバッタを与えている。おばあちゃんはその少年を励ましているようだ。そのうちに、ハエトリグサのエサにするらしい他の生き物の姿も見えてくる。おばあちゃんが手に持っているカエルがバッタの次のエサのようだ。少年の右手は金魚の入ったガラス鉢をかかえている。少女は両手でペットのインコを持っている。みんなの足もとに座っている飼い犬は、おばあちゃんのドレスのすそから噛みちぎったらしい布片をくわえている。今はまだその悪事に誰も気づいていないようだ。しかしこの絵を見ている私たちは、おばあちゃんがこの犬のしでかしたことに気づけば、この犬がペットのハエトリグサの夕食のしめくくりの一品になるかもしれないと予測してしまう。ここに描かれたハエトリグサが、今やこの一家にいちばん愛されているペットになっているのは明らかだ。そして近いうちに、いちばんのではなく唯一のペットになるのだろう。

●異形の食虫植物

「人食い植物」や「ペットの植物」というイメージは食虫植物の販売戦略のひとつとして定着した感があるものの、もっと真面目な姿勢で食虫植物を育てたり繁殖させたりする業者やコレクターも徐々に増えてきた。そうした人々の増加にともない、入手できる品種も多くなり、さまざまな栽培種や交雑種、さらには興味深い突然変異種なども市場に出るようになっている。

ヘリアンフォラの栽培種。

ムシトリスミレとフクロユキノシタが入った食虫植物の寄せ植え。

とくにピッチャープラント類は異種交配がしやすいため、次々に新種が誕生している。中でもサラセニア属は異株交配すると両親のどちらとも同じ性質が現れやすいので、新種が作りやすいようだ。ウツボカズラ属の場合は種が異なっても染色体の数は同じという珍しい事実が知られているので、異なった種の組みあわせが無限にできる可能性がある。[11]

近ごろ奇妙に変形したハエトリグサが見られるようになったのは、組織培養による植物の繁殖が広まったせいだと思われる。そうして生まれた奇形とも見える新種が増殖され、公式の品種名を与えられることさえある。どんな植物にも言えることだが、突然変異種を面白いといって好む人もいれば、邪道だと軽蔑する人もいる。異形のハエトリグサについてある関係者は「このように忌まわしいものは、いずれ堆肥の山と化す運命だ」と書いた。[12] 一方でこの「忌まわしいもの」に何百ドル使っても惜しくないと考える人もいる。それはどんなハエトリグサかと言えば、たとえばワナのサイズが並外れて大きかったり、その赤色が異様なまでに濃かったりするもの。あるいはワナがくねくねと歪んでいたり、ワナの「歯」がひとつにくっついていたり、ワナが平らで開いたままになっていたりするものだ。こうした極端な突然変異種はワナで虫を捕らえることができないため、ときどき液体化学肥料を葉にスプレーする必要があるらしい。[13] ムシトリスミレ属も新種の開発が熱心に行われており、いろいろ珍しい形のものが市場に出ている。

サラセニア属の多くは美しい色の捕虫葉をもっているが、稀にまったく色素をもたず、捕虫葉が緑一色の個体が現れることがある。これは自然に備わっているはずのアントシアニンという赤色の色素がないアルビノの個体で、一部のコレクターには珍重されている。

◉食虫植物を育てる

食虫植物は分類学的に見ればさまざまな科や属にまたがっている多くの植物の総称であり、生育に適した環境や必要な条件も一様ではない。しかし比較的入手しやすい食虫植物の多くに共通する条件は通気性のある土壌と十分な水、そして虫あるいはそれに代わる獲物がいること、太陽光が当たることだ。

ほとんどの食虫植物は、常に湿り気をたもちながらも水浸しになることはない通気性の良い土壌でよく育つ。ミズゴケとパーライト［ガラス質の火山岩を高温で加熱し、急激に水分を蒸発させることで内部の構造を多孔質化させたもの。園芸用の土壌改良剤として使われる］または清潔な砂を半々の割合で混ぜた土壌なら申し分ない（場合によってはミズゴケの割合をもう少し増やしてもいい）。水は毎日やる。雨水をためたものか蒸留水（沸騰させたものでも逆浸透膜でろ過したものでもいい）が望ましい。水道水や井戸水、ボトル入りの飲料水はミネラルを多く含んでいるので避けたほうがいい。なぜなら一般に食虫植物はやせた土壌で生育しているので、根からミネラルなどの養分を吸収することに慣れていないからだ。ただし水道水の成分は国や地域によって異なるから、ミネラル分の少ない水道水なら使用できる。市販のテストキットを使って水の成分をチェックしている栽培者も多い。しかしほとんどの人は、植物を水不足にするぐらいならたまに水道水をやるほうがずっとましだと言うだろう。

一般に食虫植物は太陽光を十分に浴びることを好む。とくにハエトリグサ、サラセニア、モウセンゴケの自生地は、湿気はあるが陽光もよく当たる場所だから陽光は不可欠だ。例外はウツボカズラで、こちらは日陰を好む。

食虫植物は屋外で育てれば自分で虫を捕らえて必要な養分をほぼまかなうが、屋内に置くなら養分を補ってやる必要がある。育てる植物が少数ならペット用品店で生きた虫を購入する手もあるが、多くの植物を育てるならそれも無理だ。ピッチャープラントなら、ペレット肥料をときどき捕虫器に落とし入れてやれば養分不足を補うことができる。しかし普通に育っていれば食虫植物に肥料を与える必要はなく、与えるにしても様子を見ながら限定的に与えるだけにとどめなければならない。土ではなく葉に液肥を噴霧することもできるが、この方法も植物の種類によって効果が大きく違うので注意する必要がある。

サラセニア、ダーリングトニア、ハエトリグサ、モウセンゴケのように、寒い冬には地上部が枯

温室で育つさまざまな食虫植物。ハンス・クラーメル作『人間と土 *Der Mensch und die Erde*』（1906年）より。

れて冬眠状態になり、春になれば花をつけるものもある。それらの植物にとっては、健康と活力をたもつためにその休息期間が必要なのだ。そうした植物を熱帯に近い環境で育てる場合は、涼しい部屋（あるいはより冬に近くするための冷蔵スペース）に移せば人工的に冬眠させることができる。

ハエトリグサは常に陽光を好む。十分に陽光を浴びないと元気がなくなり、新しい捕虫葉を成長させることができなくなる。しかし土には湿り気が必要だ。そこでほとんどの栽培者は水を張った受け皿の上にハエトリグサの鉢を置いている。花も美しいのだが、開花にエネルギーを使うことで捕虫葉の成長を妨げるので開花前に花茎を切ってしまう人が多い。ハエトリグサは寒い冬になると休眠に入るが、この休眠をさせてやらないと健康が損なわれ、2～3年のうちに枯れてしまう。ハエトリグサが枯れる原因でいちばん多いのは水不足、または水道水の与えすぎである。ハエトリグサはとくに水道水が苦手らしい。水道水に含まれるミネラル分が長いあいだに蓄積されて害になるのだ。ひとつの捕虫葉を育てて維持するのはハエトリグサにとっては多大なエネルギーを要することであり、捕虫葉は数回その役目を果たせば枯れてしまう。だから、やってみたいという誘惑にかられる気持ちはわかるが、あまり何回もわざとワナを開閉させるのはやめたほうがいいのだ。屋外に置けばふつうなら必要なだけの獲物は自分で捕らえるが、月に1回ぐらいなら生きた虫のエサを（ワナひとつにつき、ではなく1株全体でハエ1匹程度を）与えてもいい。ハエトリグサを育てる土壌としてはミズゴケ100パーセント、またはミズゴケに最大50パーセントの割合まで砂またはパーライトを混ぜたものがいちばん適している。

サラセニア（和名ヘイシソウ）を育てるには十分な陽光と湿り気のある土壌が必要だ。ほとんど

サラセニアの栽培種。

南アフリカ、ケープ地方原産のアフリカナガバノモウセンゴケは、非常に育てやすい食虫植物だと言われている。

の人は雨水を張った受け皿の上にサラセニアの鉢を置いて栽培している。冬になると地上部は枯れて休眠するので、枯れた捕虫葉は取ってしまう必要がある。一般にサラセニアは霜には強い。休眠しているあいだも土壌の湿り気は保つ必要がある。しかし屋内や熱帯に近い環境でサラセニアを育てている場合は、根茎を掘り出してビニル袋に入れ、2～3か月冷蔵庫で保存するといい。こうすれば根茎は冬に似た環境で休眠することができるわけだ。土壌としては砂とミズゴケを1対5の割合で混ぜたものが推奨されているが、砂またはパーライトとミズゴケを半々に混ぜて使う人もいる。ムラサキヘイシソウはサラセニアの中でももっとも育てやすい種と言われ、丈夫で、幅広い温度帯で生育できる。アミメヘイシソウとその交配種は見た目が非常に美しい。背丈の低いムラサキヘイシソウと異なり、アミメヘイシソウは1メートルの高さまで伸びることもあり赤い花を咲かせる。基本的な注意事項さえ守っていれば、どちらも比較的容易に育てられる。

ウツボカズラは一般に半日陰を好み、強い日差しや霜には弱い。高地性のものは低地性のものよりは寒さに強い。土壌には湿り気が必要だが、鉢は水はけを良くしておかなければならない。例によって、水は雨水が望ましい。湿度の高い自生地の環境に近づけるため、定期的に水を噴霧してやる人もいる。枯れた捕虫壺は切りとってしまえばいい。たくさん生まれている交雑種は丈夫で、育てる土地の環境にもよるが、普通は木陰や日よけのある中庭なら屋外でもよく育つ。

モウセンゴケは英語名を「太陽のしずく sundew」というだけあって陽光を好む。しかし土壌には湿り気が必要なので、水を張った受け皿の上に鉢を置いて育てる人が多い。種によっては冬に休眠するものもある。南アフリカのケープ地方の原産であるアフリカナガバノモウセンゴケ（*Drosera capensis*）は、もっとも育てやすいモウセンゴケだと言われている（実際、すべての食虫植物のうちでもいちばん育てやすい）。暖かい所なら1年中よく茂り、冬の休眠は必要ない。多少の寒さならそのまま耐えて過ごすが、氷点下になるような場所では根茎を残して休眠に入り、春を待つ。窓ぎわの台などに置いても1年中茂っている。オーストラリア原産で赤い色が印象的なサスマタモウセンゴケ（*Drosera binata*）も育てやすい。アフリカナガバノモウセンゴケほど丈夫ではないが、やはり冬の寒さに耐えて休眠し、じっと春を待つ。一般にモウセンゴケと呼ばれているイギリス原産のドロセラ・ロトゥンディフォリア（*D. rotundifolia*）も丈夫な植物で、夏には陽光をたっぷりと浴び、冬には休眠する。

◉食虫植物の保護

　多くの食虫植物は自生地における絶滅や減少を危惧されている。原因は自生地の環境破壊と、野生種の過剰な採集だ。ボルネオでは、高値のつくネペンシス・ラジャ（オオウツボカズラ）やネペンシス・ノースィアナがプラントハンターによって何十年も大規模に採取されてきたせいで、すっかり数を減らしている。当時は野生のオオウツボカズラに1000ドル以上の値がついたのだ。[14] サラセニア（ヘイシソウ）やハエトリグサなどその他の食虫植物の野生種の需要も多かった。

　幸いなことに最近では野生種の無節操な採取は減っている。その理由のひとつは、保護が定められた植物の採取には現地当局の許可が必要になったことだ。今やアメリカで自生地からハエトリグサを採取すれば、1株あたり最高で1000ドルの罰金が科せられることになっている。それに加えて自生地のノースカロライナ州は州独自の取り組みとして、農政部が定期的に野生種に不可視インク（普段は見えないが紫外線を当てると書いたものが浮かびあがるインク）で印をつけ、監視員が野生種と栽培種を判別できるようにしている。[15]

　野生種の採取が減ったもうひとつの理由は、「絶滅の恐れのある野生動植物の種の国際取引に関する条約（CITES）」いわゆる「ワシントン条約」が1973年に採択され、1975年に発効したことである。これは食虫植物を含む絶滅の恐れのある動植物の保護を目的としたもので、今では180か国以上が締結している。世界的に絶滅が危惧され保護が必要と見なされた動植物が付属書Ⅰと付属書Ⅱにリストアップされている［世界的には絶滅の恐れは低いが、ある地域での絶滅が

カリフォルニア北部の生育地に自生するダーリングトニア・カリフォルニカ（コブラプラント）。

危惧されるものは付属書Ⅲにあげられている」。付属書Ⅰに挙げられたものは絶滅の危険性が特に高いとされ、国際取引がきびしく制限されている。付属書Ⅱには危険性がやや低いと見なされたものが記載されているが、国際取引に一定の制限が課せられていることに変わりはない。ハエトリグサとウツボカズラ属のほとんどの種は付属書Ⅱに記載されている（ただしネペンテス・ラジャとネペンテス・カーシアナは付属書Ⅰに記載されていて、野生種の取引は完全に禁止されている）。サラセニア属も、付属書Ⅰのサラセニア・オレオフィラ、サラセニア・ルブラ・アルバメンシス、サラセニア・ルブラ・ジョネシイを除くほとんどの種は付属書Ⅱに記載されている。

しかし現在では、付属書に記載された食虫植物の多くは組織培養によって増殖したものが入手できる。組織培養とはある個体から微小な組織片をとってクローンを作る方法である。これを使えば、ひとつの個体のほんの一部の組織から、何千もの個体を短期間のうちに作ることができるので、野生種の採取はもはや時代遅れの入手法になった。それでもなお、自生地では少しでもすぐれた個体や、まだ組織培養されるにいたらない新種の現物を求めるコレクターが暗躍している。

ワシントン条約が締結され、地域ごとの法規制も整備され、組織培養による個体の入手が容易になったことで野生植物の採取は減少したが、近年では生育地の環境破壊がより大きな問題として浮かびあがってきた。それについては自然作家リチャード・メイビーがハエトリグサの保護についてこう指摘している。「過去においてはハエトリグサの減少は過剰採取が原因だった。しかしそれについては、野生のハエトリグサを採れば1株につき最大1000ドルの罰金を科すというアメリカの法律によって一応は改善されたはずだ。それなのに、自生地が干拓され、何千ものハエトリグサが全滅させられても誰も罪に問われないということが、現実に起こっている[16]」。

同じことはボルネオでも起こっている。ボルネオの個々のウツボカズラの野生種はしっかりと保護されているが、それが自生する広大な地域が（何百万ものウツボカズラもろとも）農業や林業に使う目的で次々に破壊されているのだ。最近では、手つかずのままだったウツボカズラの原生地が数百万ヘクタールという規模でヤシ油を採るためのプランテーションに変えられてしまった[17]。

多くの食虫植物とくにピッチャープラントであるウツボカズラやサラセニアは、さまざまな小動物や虫の命をささえている。ある食虫植物が失われれば、それとともに生きている別の命も失われるかもしれないのだ。たとえばウツボカズラの一種ネペンテス・ヘムスレヤナはハードウィック・ウーリー・バットというコウモリと共生関係にある。昼間はネペンテス・ヘムスレヤナの捕虫壺の

複数種のウツボカズラ属の寄せ植え。

中で眠るこのコウモリは、ねぐらを奪われたらどうなるのだろう？　一方、ほとんどそのコウモリの糞だけから養分を得ているこのウツボカズラは、コウモリの数が急減したらどうなるのだろう？

個々の植物を保護することも大切だが、自然界に見られる植物と動物の相互関係を温室の中に再現するのは不可能だ。保護区の限られた区域内で、広大な自然界と同様の関係を維持することも難しいだろう。だからこそ、広大な自然環境が必要なのだ。幸いなことに、ボルネオ島を国土とするマレーシア、シンガポール、ブルネイの政府間で、自然のままの生態を保護するために一定の広がりをもつ保護区を設定しようとする動きが出てきた。たとえば２００７年には、手つかずの広大な荒野をそのまま保存するための広範な政府間協定が結ばれている。この協定はさらに、より多くの国立公園や州立公園を設けてそれらを自然保護のための森林回廊で結ぶことを目ざしている。[18]

アメリカに自生する食虫植物の多くにとって、毎年一定の時期に起こる山火事は生存に欠かせないものである。食虫植物は養分や日照を他の植物と奪いあうことが得意ではない。他の植物との競争をできるだけ避けるためには山火事が必要なのだ。[19]一方、人間たち、とくに市街地近辺に住む人間にしてみれば、山火事は起こってほしくない。だが市街地近辺の山で野焼きを禁じることは、食虫植物の生存を脅かすことになるのだ。逆にボルネオ島のジャングルでは、火事が深刻な問題になっている。森林の伐採、干ばつ、地球温暖化などの原因で山火事の起こる回数が増えているのだ。近年は山火事によって大量のウツボカズラが焼けてしまったり、その他の動植物が犠牲になったりすることが増えている。[20]

自生地の環境破壊のせいでムジナモの数が激減している地域もある。ある植物の絶滅が危惧され

エルンスト・ヘッケルが描いたウツボカズラ科の植物画。『生物の驚異的な形 *Kunstformen der Natur*』（1904年）より。

る場合に科学者や保護団体がとる手段として、その植物の種子を集めて「種子銀行」に保存する方法がある。しかしムジナモの場合は、それも難しいようだ。ムジナモの種子を常温で保存すると真菌に感染してしまい、たとえ短期間でも冷凍状態におくと発芽しなくなってしまうのである[21]。

食虫植物を保護する方法は大きく分けてふたつある。ひとつは現場保存と呼ばれ自生地で保護する方法（もちろん、これができればいちばん良い）。もうひとつは域外保存と呼ばれ、自生地から

マダガスカルの自生地に育つウツボカズラ。

採取して植物園や個人のコレクションとして保存する方法である。保存を訴える人々の多くは、域外保存だけに頼ることは長期的に見ると、遺伝子の多様性の面での悪影響が懸念されると主張している。それでも残念ながら域外保存に頼るしかないケースも多く、植物の研究と保護を行う組織や個人の栽培家によってさまざまな努力がつみ重ねられている。食虫植物に関する多くの著書があるスチュワート・マクファーソンは各種のウツボカズラの域外保存を目的とする「生命の箱舟財団」を設立している。北米サラセニア保存協会（NASC）はサラセニアの自生地を保存し、野生のサラセニアを増やして自然の植生を回復させることを目的に長く活動している団体である。この団体には、サラセニアの域外保存に尽力しているサラセニア栽培者委員会のメンバーも多く加わっている。

北米サラセニア保存協会、栽培者委員会は、サラセニアおよびそのコンパニオンプラント「同じ場所に生育し、互いに良い影響を与え合う関係の植物」を自生地で採集し育てた個体、および採集した種子から育てた個体の両方を自生地にもどし、それらの多様な遺伝子を永久に保つことを目的としている……これは1か所の施設に収容するコレクションではない。NASCのコレクションはアメリカ各地に散らばる多くの栽培家の手元にある。多くの場所でそれぞれの独自のコレクションを維持することによって、何らかの原因でサラセニアが全滅する危険を避けることが期待されているのだ。[22]

各種のサラセニアの寄せ植え。

NASCはほかにも絶滅の危険のある植物を別の場所に移したり、かつてサラセニアが生育していた場所に再び植えつけたりする活動も行っている。道路工事や都市開発のために破壊される予定の自生地があれば、そこのサラセニアを救いだす。また重要な活動のひとつとして、野生のサラセニアの成長を助けるために、計画的に野焼きを行う活動も始めている。

●食虫植物に関する団体

ここ数十年のあいだに、世界中で食虫植物の愛好家団体が生まれている。もっとも古いものは1949年に日本で設立された日本食虫植物研究会（IPS）である。1972年にはカリフォルニアに本部を置く国際肉食性植物協会（ICPS）が設立された。その後も同種の国内団体がイギリスで1978年、フランスで1983年、ドイツとオーストラリアでは1984年に、イタリアでは1998年に生まれている［各団体の正式名称と連絡先は巻末のリストに記載してある］。

こうした団体に参加する理由は人さまざまだが、地元の園芸店では手に入らない食虫植物を見つけたい、食虫植物のことをもっとよく知りたい、同じ趣味をもつ人と知り合いたいという人も多く、会員には植物学の専門家から食虫植物が好きだという愛好家まで幅広い人々が含まれている。どの協会もゲストによる講演、ディスカッション、展示即売会などを内容とする会合を定期的に開いている。規模の大きな協会になると、国内の著名な専門家や外国からのゲストスピーカーを招いて大規模な総会を開くところもある。総会では食虫植物の展示会や各種ワークショップ、即売会が開かれるほか、有名な植物園やコレクションを見るための小旅行が企画されることもある。また毎年コ

サラセニアの花の花弁が散ったあとの様子。

ンテストを開き、美しさや生育状態のすぐれた食虫植物とその栽培者を表彰したりもする。コンテストを開けば栽培者だけでなく観客も食虫植物について多くを学ぶことができ、会員の増加にもつながるのだ。

こうした協会のもうひとつの役割として近年になって重視されているのが、食虫植物の保護、栽培、調査研究の促進である。したがって多くの協会が食虫植物に関する実地調査や、生育を脅かされている植物の救出その他の保護活動に協力している。

最近はインターネットが普及したおかげで食虫植物の人気が広まってきた。今や食虫植物に関係する多くの協会がインターネットを利用した情報発信に力を入れている。また個人がコレクションの写真を紹介したり栽培したものを売買したりするためのサイトや、栽培に関するアドバイスを提供するサイト、写真を投稿して種類や名前を質問したりその個体の世話のしかたを尋ねたりできるサイトもたくさんある。

●食虫植物の未来

１９０９年に発行された「サイエンティフィック・アメリカン」誌に、食虫植物の将来について予想する長文の記事が掲載された。筆者Ｓ・レナード・バスティンは、食虫植物がもしこのまま進化を続けていけば、巨大化して危険なものになるだろうと書いている。

食虫植物が予想以上に生育地を拡大していることに関しては、植物学者のあいだで意見の一致を見ている。特別な進化をとげたモウセンゴケは、多かれ少なかれ葉から動物の養分を吸いとることで生きている強大な植物軍団の先兵にすぎない。植物が動物から養分を得る傾向が強まっていると少なからぬ植物学者が発言しているが、それは反論の余地のない事実である。進化の原則をごく単純に適用すれば当然そうなる。ハエトリグサのように巧妙に獲物を捕らえるものとも進化の進んだ植物が、ドロソフィルムのように葉の粘液にくっついてしまった獲物から養分を吸いとる植物から進化してきた道筋は容易にたどることができる……さらに時代が進めばすべての植物が動物から養分を得るようになり、すべての動物にとって植物が脅威となるかもしれないとは驚きである。[23]

栽培種のウツボカズラの捕虫壺。

筆者は続けて、代表的な食虫植物であるモウセンゴケ、ハエトリグサ、ムシトリスミレ、タヌキモ、各種のピッチャープラント（オーストラリア原産のフクロユキノシタも含む）について、まず現在のそれらがどのように虫を捕らえるかを詳細に解説し、次にそれらが巨大化して、ひょっとしてマンモスほどの大きさになったら、大きな動物や人間でさえ捕らえるだろうと予想し、もし人間が「フクロユキノシタの壺に落ちたら、近くに誰かがいて助けなければ逃げることはできないだろう」と書いている。そして巨大なムシトリスミレがヤギや牛を食べるかもしれない、タヌキモがワニを食べるようになるかもしれない、と書いてから――

> それよりもっと恐ろしいのは未来のハエトリグサだろう。ハエトリグサこそ恐怖の植物になるに違いない……うっかりつまずいてその葉に触れてしまった不運な人間は、素早く閉じたワナにはさまれてあっという間に押しつぶされてしまうだろう。[24]

この「科学的」な記事を締めくくるにあたり、筆者は少しだけ楽観的な見通しも書きそえている。「進化して攻撃的になった植物に出会う頃には、人間のほうもそれなりに進化していて何とかなるかもしれない。そうなることを願うしかないだろう。そうでなければ人類の未来は危ういものになってしまうのだから[25]」。

現実には、20世紀が始まったばかりの時点で予測されたこととは反対に、私たち人間が今この時この地球上に存在している素晴らしい食虫植物たちの生育地を守ってやらなければ、食虫植物の（人間の、ではなくて）「未来が危ういものになってしまう」と予測する事態になっている。自然がもたらした食虫植物というものの美しさと精妙さ、そしてそれが多くの他の生き物と複雑につながり合って存在している事実の不思議さに気づけば、私たちはそのすべてを愛おしく思い、大切に思うはずだ。その気持ちをもち続けていれば、これからも多くの新種を発見し、今ある食虫植物についてもさらによく知ることができるだろう。

たくましい想像力を駆使して描かれた未来のフクロユキノシタの予想図。「サイエンティフィック・アメリカン」誌（1909年）の挿絵より。

謝辞

「ヴィクトリア州食虫植物協会」、「トリフィドパーク」、「コレクターズ・コーナー」の皆様とリチャード・アレン、ティム・エントウィスル、ランドール・ロビンソンのお三方に心よりお礼申し上げる。いつも私を支えてくれる家族にもこの場を借りて感謝をささげたい。

訳者あとがき

本書『花と木の図書館　食虫植物の文化誌』はイギリスのReaktion BooksよりBotanicalシリーズの一作、ダン・トーレ著*Carnivorous Plants*の全訳である。

食虫植物と聞いて私がまず思い浮かべたのは、むかし植物園の温室で見かけたことのあるウツボカズラだ。ひょろひょろと伸びた蔓の先に壺のようになった部分がついていた。中をのぞいても、もちろん虫はいなかったが、なるほど、ここに落ちた虫は溶かされてしまうんだ、と子ども心に感心した記憶がある。子どものころ読んだ少年少女向け冒険小説に登場した巨大な人食い植物の挿絵は恐ろしかったが、実在する小さなハエトリグサがそのモデルだったことは本書を読んで初めて知った。

そんな貧弱な予備知識しかなかった私は、本書を読んで心底驚いた。そもそも食虫植物というひとつの科や属があるわけではなく、小さな生き物をおびき寄せて捕らえ、その養分を吸収できるように葉や茎を進化させてきたという共通点をもつ多くの植物の総称だということ。現時点でなんと700種以上の食虫植物があり、新種が発見されたり昔から知られていた植物が食虫植物だと判明したりすることでさらに仲間が増えていること。獲物をおびき寄せ、捕らえた獲物を消化して養分を吸収するために、言いかえればみずからの生命をつなぐために、それぞれの植物がかさねてきた巧妙な進化の数々。本書が明かすそうした事実のどれもが、読者の生命に対する概念をゆさぶり、生き物全般に対する見方に影響を与えることになるだろう。食虫植物は獲物から窒素やリンなどを吸収する。それらの元素は植物栽培用の肥料に含まれていて、すべての植物が必要としているものだ。肥料にされている骨粉や動物の糞はまさに食虫植物が獲物から直接得ている養分と同じではないか。食虫植物は決しておぞましい、特殊な存在ではない。たまたま養分に乏しい土壌に生まれてしまった植物が、生きるために懸命に工夫した結果としての姿なのだ。

それにしても、本書のカラー図版に見られる食虫植物の捕虫器のなんと美しいこと！　世界中に多くの愛好家がいることもうなずける。本書の図版で食虫植物をモチーフにした絵画や彫刻などの芸術作品を見れば、あらためて自然の造形美が芸術家に多大なインスピレーションを与えてきたことに気づくだろう。

食虫植物のユニークな特性はさまざまな分野のクリエーターの想像力を刺激し、創作意欲を高めてきた。ミュージカル『リトル・ショップ・オブ・ホラーズ』や小説『トリフィド時代』は有名だが、それ以外にもさまざまな映画や冒険小説、『ヒッチコック劇場』や『アダムス・ファミリー』などのテレビ番組にも大型化して人食い植物となったものが登場している。近年ではテレビゲームの「スーパーマリオ」シリーズに登場するパックンフラワーや「ポケモン」シリーズのマスキッパやウツボットが食虫植物をモデルにしたキャラクターとして知られている。

本書を開くことで食虫植物の美しさ、不思議さに触れ、さまざまな分野に影響を与えてきたこのユニークな植物に親しんでいただければ幸いである。

最後になったが、本書を翻訳する機会を与えてくださり、翻訳にあたっては多くの助言をくださった原書房の石毛力哉さんと中村剛さん、オフィス・スズキの鈴木由紀子さんにこの場を借りて心からお礼を申し上げる。

２０２１年10月

伊藤はるみ

THE PITCHER PLANT PROJECT, ROB CO　www.thepitcherplantproject.com
TERRA FORUMS, CARNIVOROUS PLANT DISCUSSION　www.terraforums.com
TOM'S CARNIVORES　www.carnivorousplants.co.uk

育成

CALIFORNIA CARNIVORES（アメリカ）　www.californiacarnivores.com
COLLECTORS CORNER（オーストラリア）　www.collectorscorner.com.au
HAMPSHIRE CARNIVOROUS PLANTS（イギリス）　www.hampshire-carnivorous-plants.co.uk
SARRACENIA NORTHWEST（アメリカ）　www.cobraplant.com
TRIFFID PARK（オーストラリア）　www.triffidpark.com.au

植物園およびコレクション

THE HUNTINGTON BOTANICAL GARDENS（アメリカ）　www.huntington.org
JARDIN DES PLANTES（パリ）　www.jardinesplantes.net
kew ROYAL BOTANIC GARDENS（ロンドン）　www.kew.org
ROYAL BOTANIC GARDENS（シドニー）　www.rbgsyd.nsw.gov.au
SINGAPORE BOTANIC GARDENS（シンガポール）　www.sbg.org.sg
夢の島熱帯植物園（日本）　www.yumenoshima.jp/english.html

組織・団体等リスト

組織

ASSOCIATION FRANCOPHONE DES AMATEURS DE PLANTES CARNIVORES（フランス） www.dionee.org

ASSOCIAZIONE ITALIANA PIANTE CARNIVORE（イタリア） www.aipcnet.it

CARNIVORA（オランダ） www.carnivora.nl

THE CARNIVOROUS PLANT SOCIETY（イギリス） www.thecps.org.uk

GESELLSCHAFT FUR FLEISCHFRESSENDE PFLANZEN（ドイツY） carnivoren.org

食虫植物研究会（日本） ips.2-d.jp

INTERNATIONAL CARNIVOROUS PLANT SOCIETY www.carnivorousplants.org

NEW ZEALAND CARNIVOROUS PLANT SOCIETY（ニュージーランド） www.nzcps.co.nz

VICTORIAN CARNIVOROUS PLANT SOCIETY（オーストラリア） www.vcps.org

保護団体

ARK OF LIFE Ex-situ conservation of Nepenthes and other carnivorous plants www.arkoflife.net

CITES Convention on International Trade in Endangered Species of Wild Flora and Fauna www.cites.org

IUCN（INTERNATIONAL UNION FOR CONSERVATION OF NATURE） www.iucn.org

IUCN CARNIVOROUS PLANT SPECIALIST GROUP Sir David Attenborough, Patron www.iucn-cpsg.org

NORTH AMERICAN SARRACENIA CONSERVANCY（NASC） Conservation of North American pitcher plants http://nasarracenia.org

ウェブサイトおよびフォーラム

BARRY RICE CARNIVOROUS PLANTS www.sarracenia.com

THE CARNIVORE GIRL www.thecarnivoregirl.com

CARNIVOROUS PLANT FORUM, UK www.cpukforum.com

FLY TRAP CARE, CARNIVOROUS PLANTS www.flytrapcare.com

NATCH GREYES CARNIVOROUS PLANTS ngcarnivorousplants.tumblr.com

Commons Attribution-Share Alike 3.0 Generic License; Thomas Gronemeyer, the copyright holder of the images on pp. 43, 44, 100; and Michal Rubeš, the copyright holder of the image on p. 28, have published them online under conditions imposed by a Creative Commons Attribution-Share Alike 4.0 Generic License.

ikon, vol. 17 (Leipzig, 1897): p. 6; from The Ogden Standard-Examiner (26 September 1920): p. 128; from Frank R. Paul, Famous Fantastic Mysteries, vol. 2 (America, 1940): p. 136; from Scientific American (1909): p. 223; from Spencer St John, Life in the Forests of the Far East; or, Travels in northern Borneo, vol. 1 (London, 1863): p. 90; from Robert John Thornton, The Temple of Flora (London, 1807): p. 152; photos Dan Torre: pp. 4, 9, 10, 20-21, 23, 24, 32, 35, 37, 49, 54, 55, 56, 59, 61, 64, 80, 85, 94, 112-3, 125, 181, 185, 186, 188, 191, 196, 199, 200, 205, 206, 211, 215-6, 219, 221; from Louis Van Houtte, Flore des serres et des jardins de l'Europe (Paris, 1865): pp. 121 (1858), 41 (1865); © Madeline von Foerster: pp. 164, 167, 168; from F. Weinberg, Catalogue of Cacti, Novelties, Odd and Rare Plants (New York, 1906): p. 194.

Bernard Dupont, the copyright holder of the image on pp. 88–9; incidencematrix, the copyright holder of the images on pp. 17, 187; Jonathan Lin, the copyright holder of the image on p. 182; and Ashley Van Haeften, the copyright holder of the image on p. 184, have published them online under conditions imposed by a Creative Commons Attribution-Share Alike 2.0 Generic License; Ch'ien Lee, the copyright holder of the image on p. 70, has published it online under conditions imposed by a Creative Commons Attribution-Share Alike 2.5 Generic License; Denis Barthel 2005, the copyright holder of the image on p. 26; Petr Dlouhý, the copyright holder of the image on p. 36; NoahElhardt, the copyright holder of the images on pp. 7, 53, 74; Holger Hennern, the copyright holder of the image on p. 47; JeremiahsCPs, the copyright holder of the images on pp. 65, 76, 81, 160; Kaim-Martin Knaak, the copyright holder of the image on p. 159; Katja Rembold, the copyright holder of the image on p. 106; Kurt Stueber, the copyright holder of the image on p. 50; Smiley.toerist, the copyright holder of the image on p. 214; User:Amada44, the copyright holder of the image on p. 46; Visitor7, the copyright holder of the image on p. 209; and H. Zell, the copyright holder of the image on p. 31, have published them online under conditions imposed by a Creative

写真ならびに図版への謝辞

筆者および出版者は写真および図版の掲載を許可くださった以下の方々に感謝の意を表する。なおキャプションを簡略にするため、一部の図版の出典もここに記した。

From F. A. Brockhaus, Brockhaus' Konversations-Lexikon (Leipzig, 1892): p. 13; from J. W. Buel, Sea and Land (Toronto, 1887): p. 131; V. A. Pogadaev (Wikimedia commons): p. 180; © Dan Corson: p. 174; from Curtis's Botanical Magazine (London): pp. 114 (1847), 69 (1849), 118 (1858), 72 (1890), 67 (1905), 78 (1915); © Will Elder: p. 197; from John Ellis, A Botanical Description of a New Sensitive Plant, Called Dionaea musciopula: or, Venus's Fly-trap (London, 1770): p. 93; from R. H. Francé, Walther Ulrich Eduard Friedrich Gothan and Willy Lange, Das Leben der Pflanze (Stuttgart, 1906): p. 105; © Jason Gamrath/Lumina Studio: p. 172 ; from The Gardeners' Chronicle and Agricultural (London, 1872): p. 193; from Howard R. Garis, 'Professor Jonkin's Cannibal Plant', The Argosy (August 1905): p. 134; from Die Gartenlaube (Leipzig, 1875): p. 123; from Ernst Haeckel, Kunstformen der Natur (Leipzig and Vienna, 1904): p. 213; © Paul Hill: p. 175; © Jane Ianniello: p. 169; from L'Illustration Horticole, vol. 33 (Paris, 1886): p. 98; from l'Illustration Horticole, vol. 35 (France, 1888): p. 63; from Anton Joseph Kerner von Marilaun and Adolf Hansen, Pflanzenleben: Erster Band: Der Bau und die Eigenschaften der Pflanzen (Leipzig, 1913): p. 153; Kew Gardens: p. 120; © Evan Kolker: p. 171; from Hans Kraemer, Der Mensch und die Erde (Berlin, 1906): p. 203; from John Lindley and Joseph Paxton, Paxton's Flower Garden, vol. 1 (1850)/photo Wellcome Library: p. 101; from Mathias de L'Obel, Nova Stirpium Adversaria (London, 1576): p. 119; from George Loddiges, The Botanical Cabinet Consisting of Coloured Delineations of Plants from all countries (London, 1818): p. 75; from Hermann Julius Meyer, Meyers Konversations-Lex-

参考文献

Bailey, Tim, and Stewart McPherson, Dionaea: *The Venus's Flytrap* (Poole, 2012)

Barthlott, Wilhelm, et al., *The Curious World of Carnivorous Plants: A Comprehensive Guide to Their Biology and Cultivation* (Portland, or, and London, 2007)

D'Amato, Peter, *The Savage Garden: Cultivating Carnivorous Plants*, revd edn (Berkeley, ca, 2013)

Darwin, Charles, *Insectivorous Plants* (London, 1875)

Greyes, Natch, *Cultivating Carnivorous Plants* (North Charleston, sc, 2015)

Hewitt-Cooper, Nigel, *Carnivorous Plants: Gardening with Extraordinary Botanicals* (Portland, or, and London, 2016)

Lloyd, Francis Ernest, *The Carnivorous Plants* (Waltham, ma, 1942)

Mabey, Richard, *The Cabaret of Plants: Botany and the Imagination* (London, 2015)

McPherson, Stewart, *Carnivorous Plants and their Habitats,* vols 1 and ii (Poole, 2010)

Phillipps, Anthea, Anthony Lamb and Ch'ien C. Lee, *Pitcher Plants of Borneo*, 2nd edn (London and Borneo, 2008)

Rice, Barry, *Growing Carnivorous Plants* (Portland, or, and London, 2006)

Robinson, *Alastair, et al., Drosera of the World*, vols 1–iii (Poole, 2017)

1984年	「ヴィクトリア州食虫植物協会」がオーストラリアのメルボルンで設立された。
1984年	「ドイツ食虫植物協会」設立。
1986年	映画『リトル・ショップ・オブ・ホラーズ』（監督フランク・オズ）公開。これは1982年開幕のミュージカル版と1960年公開の映画を翻案したものだった。
1991年	連続テレビアニメ『リトルショップ』の放映開始。
1998年	「イタリア食虫植物協会」設立。
2001年	『トリフィド時代』の続編としてサイモン・クラークが書いた『トリフィドの夜』が出版される。
2005年	北米サラセニア保存協会（NASC）設立。
2009年	ニック・コパスが監督した2話から成る『トリフィド時代』のテレビドラマがBBCで放映される。
2011年	スチュワート・マクファーソンが食虫植物の域外保存を目的とする「生命の箱舟財団」を設立。
2012年	オオバコ科フィルコクシア属の1種フィルコクシア・ミネンシスが食虫植物であることが明らかにされた。その後、フィルコクシア属の別の種（しゅ）も食虫植物であることが証明された。
2013年	マレーシアで人気のある子供向けテレビ番組「ウピンとイピン」で、主人公の子供たちが先住民の伝統食ウツボカズラ・ライスについて学ぶストーリーが放映された。
2015年	ナイキ社がハエトリグサをデザインに使ったバスケットシューズの新シリーズ「カイリーⅠフライトラップ」を発売した。

てハエトリグサの捕虫葉が閉じる仕組みを明らかにした。

1885年 メアリー・トリートが著書『自然の中の家庭学習 *Home Studies in Nature*』を出版し、サラセニアとタヌキモに関する研究の成果を詳細に記した。

1949年 日本食虫植物研究会（IPS）が設立された。これは食虫植物の研究者や愛好家によって設立された世界初の団体である。

1951年 ジョン・ウィンダム著『トリフィド時代』が出版された。[邦訳は中村融訳、創元ＳＦ文庫、2018年]。

1960年 映画『リトル・ショップ・オブ・ホラーズ』公開。

1962年 映画版『トリフィド時代』（監督スティーヴ・セクリー）公開。

1970年 映画『エド・ウッドのX博士の復讐 *Body of the Prey* (*Venus Flytrap*)』（監督ノーマン・アール・トムソン、脚本エド・ウッド）公開。

1972年 カリフォルニアで「国際食虫植物協会（IPS）」が設立された。

1973年 「絶滅の恐れのある野生動植物の種の国際取引に関する条約（ＣＩＴＥＳ）」いわゆる「ワシントン条約」採択。

1978年 「イギリス食虫植物協会」設立。

1981年 イギリスBBCが制作した6話連続のドラマ『トリフィド時代』（監督ケン・ハナム）放映開始。

1982年 ミュージカル『リトル・ショップ・オブ・ホラーズ』がニューヨーク、オフ・ブロードウェイで開幕。

1983年 「フランス食虫植物協会」の設立。

1768年	ジョン・エリスがハエトリグサに関する彼の最初の著作を発表した。
1787年	ウィリアム・カーティスが編集発行する「カーティス・ボタニカル・マガジン」が創刊された。この雑誌には食虫植物（とくにウツボカズラ）に関する多くの記事と挿絵が掲載されていた。
1789年	ジョゼフ・バンクスがネペンテス・ディスティラトリアを王立植物園キューガーデンに持ちこんだ。これが初めてイギリスにもたらされたウツボカズラである。
1830年代	医師ナサニエル・バグショー・ウォードが植物を良い状態のまま輸送できる「ウォードの箱」を考案した。
1860年	チャールズ・ダーウィンが食虫植物の研究を開始した。
1865年	ヴィクトリア女王の提案によりムラサキヘイシソウ（サラセニア・プルプレア）がニューファンドランドの公式な州花に定められた。ニューファンドランドはこの植物を1セント硬貨の図柄に採用したが、これは食虫植物を図柄にした世界初の通貨である。
1874年	ジョゼフ・フッカーが、ピッチャープラントであるウツボカズラ属、ヘイシソウ（サラセニア）属、ダーリングトニア属を中心に扱った論文『植物の食虫習慣 *The Carnivorous Habitsa of Plants*』を発表した。
1875年	チャールズ・ダーウィンの『食虫植物 *InsectivorousPlants*』が出版された。
1880年	アーサー・コナン・ドイルがハエトリグサをモデルにした「人食い植物」を登場させた短編小説「アメリカ人の話」を雑誌に発表した。
1882年	ジョン・バードン・サンダースンが著書『植物の被刺激性 *Exitability of Plants*』を出版し、電気刺激が生じることによっ

年表

1200年代	モウセンゴケとムシトリスミレの抗菌性が医療に利用されていた。
1554年	レンベルト・ドドエンスによるもっとも初期の本草書のひとつ『クリュードベック *Cruyde Boeck*』が出版された。これはモウセンゴケの図を始めて掲載した書籍である。
1576年	サラセニア（ヘイシソウ）の図を初めて掲載したとされるマティアス・デ・ロベルの『ノーヴァ・スティルピウム・アドヴェルサリア *Nova stirpium adversaria*』が出版された。
1578年	モウセンゴケに関する記載のあるヘンリー・ライトの『新本草書 *A New Herball*』が出版された。
1658年	マダガスカルのフランス植民地総督エティエンヌ・ド・フラクールが『マダガスカル島の歴史 *Histoire de la Grande Isle de Madagascar*』を出版。その中でマダガスカルに自生するウツボカズラを紹介し、おそらく世界初であろうウツボカズラの挿絵を添えた。その植物の名前は「アンラマティコ *Anramatico*」と記載されていたが、今ではマダガスカルウツボカズラ（*Nepenthes madagascariensis*）と呼ばれている。
1682年	勇気ある異端の研究者ネヘミア・グルーが『植物解剖学 *The Anatomy of Plants*』を出版し、植物と動物は基本的な部分ではほとんど同じだと論じた。
1686年	ジョン・レイが著書『植物の歴史　*Historia Plantarum*』（1686年）の中で初めてウツボカズラについて言及した。
1759年	イギリスのノースカロライナ植民地総督だったアーサー・ドブズが、初めてハエトリグサを発見した。

注

第1章　食虫植物とは

1　David E. Jennings and Jason R. Rohr, 'A Review of the Conservation Threats to Carnivorous Plants', *Biological Conservation*, cxliv (2011), p. 1357.

2　David H. Benzing, *Air Plants: Epiphytes and Aerial Gardens* (Ithaca, NY, and London, 2012), p. 185.

3　James Pietropaolo and Patricia Pietropaolo, *Carnivorous Plants of the World* (Portland, OR, 1986), p. 6.

4　同上

5　同上 , p. 7.

6　Jim D. Karagatzides, Jessica L. Butler and Aaron M. Ellison, 'Pitcher Plant *Sarracenia purpurea* and the Inorganic Nitrogen Cycle', in *Plant Physiology*, ed. Philip Stewart and Sabine Globig (Toronto and New York, 2012), p. 17.

7　同上 , p. 16.

8　Thomas C. Gibson and Donald M. Waller, 'Evolving Darwin's "Most Wonderful" Plant: Ecological Steps to a Snap-Trap', *New Phytologist*, CLXXXIII (2009), pp. 575–87.

9　Nigel Hewitt-Cooper, *Carnivorous Plants: Gardening with Extraordinary Botanicals* (Portland, OR, 2016), p. 32.

10　同上 , p. 38.

11　Stephen E. Williams and Siegfried R. H. Hartmeyer, 'Prey Capture by *Dionaea muscipula*. A Review of Scientific Literature with Supplementary Original Research', *Carnivorous Plant Newsletter: Journal of the International Carnivorous Plant Society*, XLVI/2 (June 2017), pp. 44–61.

12　Alexander G. Volkov et al., 'Electrical Memory in Venus Flytrap', *Bioelectrochemistry*, LXXV (2009), pp. 142–7.

13　Malcolm Wilkins, *Plantwatching: How Plants Remember, Tell Time, Form Relationships and More* (New York, 1988), p. 139.

14　Volkov et al., 'Electrical Memory in Venus Flytrap', pp. 142–7.

15　同上

16　Vladislav S. Markin and Alexander G. Volkov, 'Morphing Structures in the Venus Flytrap', in *Plant Electrophysiology Signaling and Responses*, ed. Alexander G. Volkov

(New York, 2012), p. 1.

17 同上 , p. 23.

18 Tim Bailey and Stewart McPherson, *Dionaea: The Venus's Flytrap* (Poole, 2012), p. 105.

19 Hewitt-Cooper, *Carnivorous Plants*, p. 97.

20 Edward E. Farmer, *Leaf Defence* (Oxford, 2014), p. 93.

21 Wilhelm Barthlott et al., *The Curious World of Carnivorous Plants: A Comprehensive Guide to Their Biology and Cultivation* (Portland, OR, and London, 2007), p. 117.

22 同上 , p. 136.

23 同上 , p. 137.

24 同上 , p. 105.

25 Lubomir Adamec, 'Ecophysiological Investigation on *Drosophyllum Lusitanicum*: Why Doesn't the Plant Dry Out?', *Carnivorous Plant Newsletter: Journal of the International Carnivorous Plant Society*, xxxviii/3 (2009), pp. 71–4.

26 Peter D'Amato, *The Savage Garden: Cultivating Carnivorous Plants*, revd edn (Berkeley, CA, 2013), p. 219.

27 Barthlott et al., *The Curious World of Carnivorous Plants*, p. 120.

28 Tan Wee Kiat and Amy Sabrielo, *Jack and the Carnivorous Pitcher Plant* (Singapore, 1999), p. 12.

29 Hewitt-Cooper, *Carnivorous Plants*, p. 200.

30 Naoya Hatano and Tatsuro Hamada, 'Proteome Analysis of Pitcher Fluid of the Carnivorous Plant *Nepenthes alata*', *Journal of Proteome Research*, VII/2 (2008), p. 815.

31 Barthlott et al., *The Curious World of Carnivorous Plants*, p. 157.

32 同上 , p. 158.

33 Anthea Phillipps, Anthony Lamb and Ch'ien C. Lee, *Pitcher Plants of Borneo*, 2nd edn (London and Borneo, 2008), p. 57.

34 Hewitt-Cooper, *Carnivorous Plants*, p. 191.

35 ゲンセリア属の英語の一般名を「コルクスクリュー（コルク抜き）・プラント」と定めたのは食虫植物研究家で著述家のピーター・ダマト（Peter D'Amato）だとされている。

第2章　食虫植物と他の生物との相互関係

1 Stewart McPherson, *Glistening Carnivores: The Sticky-leaved Insect-eating Plants* (Poole, 2008), p. 59.

2 Stewart McPherson, *Carnivorous Plants and their Habitats,* vol. ii (Poole, 2010), p.

982.

3 McPherson, *Glistening Carnivores*, p. 61.

4 Wilhelm Barthlott et al., *The Curious World of Carnivorous Plants: A Comprehensive Guide to Their Biology and Cultivation* (Portland, OR, and London, 2007), p. 176.

5 Anthea Phillipps, Anthony Lamb and Ch'ien C. Lee, *Pitcher Plants of Borneo*, 2nd edn (London and Borneo, 2008), p. 62.

6 同上 , p. 58.

7 同上 , p. 64.

8 同上

9 同上

10 同上 , p. 66.

11 同上 , p. 58.

12 同上 , p. 59.

13 Melinda Greenwood et al., 'A Unique Resource Mutualism between the Giant Bornean Pitcher Plant, Nepenthes rajah, and Members of a Small Mammal Community', *PLoS ONE*, vi/6 (2011), pp. 3–5.

14 Phillipps et al., *Pitcher Plants of Borneo*, p. 40.

15 Michael G. Schoner et al., 'Bats are Acoustically Attracted to Mutualistic Carnivorous Plants', *Current Biology*, XXV (July 2015), pp. 1911–16.

16 同上

17 同上

18 Charles Darwin, *Insectivorous Plants* (London, 1875), p. 110.

19 同上 , p. 316.

20 Andrew Wilson, 'The Inner Life of Plants', *Gentleman's Magazine*, CCLV (1883), p. 232.

21 Phillipps et al., *Pitcher Plants of Borneo*, p. 79.

22 Tim Bailey and Stewart McPherson, *Dionaea: The Venus's Flytrap* (Poole, 2012), p. 80.

23 Pedro Najera Quezada, 'Carnivorous Xeric Flora in San Luis Potosi, Mexico', *Xerophilia*, III/3 (October 2014), pp. 4–16.

24 Barthlott et al., *The Curious World of Carnivorous Plants*, p. 101.

25 John Dawson and Rob Lucas, *The Nature of Plants: Habitats, Challenges, and Adaptations* (Melbourne, 2005), p. 262.

26 John Brittnacher, 'Murderous Plants', *Carnivorous Plant Newsletter: Journal of the International Carnivorous Plant Society*, XL/1 (March 2011), p. 17.

27 McPherson, *Glistening Carnivores*, pp. 47–9.

28 Douglas W. Darnowski, *Triggerplants* (Sydney, 2002), p. 71.

第3章　驚くべき発見

1 Wilhelm Barthlott et al., *The Curious World of Carnivorous Plants: A Comprehensive Guide to Their Biology and Cultivation* (Portland, OR, and London, 2007), p. 149.

2 Anthea Phillipps, Anthony Lamb and Ch'ien C. Lee, *Pitcher Plants of Borneo*, 2nd edn (London and Borneo, 2008), p. 68.

3 同上

4 ラテン語から翻訳し、同上 p. 69 に引用されたもの。

5 Henry Lyte, *A New Herball* (1578) から Nigel Hewitt-Cooper, *Carnivorous Plants: Gardening with Extraordinary Botanicals* (Portland, or, and London, 2016), p. 14. に引用されたもの。

6 Roy Vickery, *A Dictionary of Plant-lore* (Oxford, 1995), p. 362. ［邦訳『イギリス植物民俗事典』ロイ・ヴィカリー著、奥本裕昭訳、八坂書房、2001 年］

7 Anne Pratt, *The Flowering Plants of Great Britain* (London, 1855), p. 188.

8 Nehemiah Grew, *The Anatomy of Plants* (London, 1682).

9 Emma Darwin, Stewart McPherson, *Carnivorous Plants and their Habitats*, vol. I (Poole, 2010), p. 36. に引用されたもの。

10 T. H. Huxley, 'On the Border Territory Between the Animal and Vegetable Kingdom', *Macmillan's Magazine: The Popular Science Monthly*, VIII/8 (1 April 1876), p. 641.

11 Arthur Dobbs, quoted in Tim Bailey and Stewart McPherson, *Dionaea: The Venus's Flytrap* (Poole, 2012), p. 17.

12 同上

13 Richard Mabey, *The Cabaret of Plants: Botany and the Imagination* (London, 2015), p. 188.

14 Daniel L. McKinley, '"Wagish Plant as Wagishly Described", John Bartram's Tipitiwitchet: A Flytrap, Some Clams and Venus Obscured', in E. Charles Nelson, *Aphrodite's Mousetrap: A Biography of Venus's Flytrap* (Aberystwyth, 1990), pp. 130–32.

15 Peter Collinson, quoted in Bailey and McPherson, *Dionaea: The Venus's Flytrap*, p. 21.

16 John Ellis, '*Dionaea muscipula*', *The British Evening Post* (1 September 1768), quoted in Nelson, *Aphrodite's Mousetrap*, p. 38.

17 Quoted in Nelson, *Aphrodite's Mousetrap*, p. 46.

18 John Ellis, 'A Botanical Description of a New Sensitive Plant, Called *Dionaea*

musciopula: or, Venus's Fly-trap', in *Directions for Bringing over Seeds and Plants, from the East Indies and other Distant Countries, in a State of Vegetation: Together with a Catalogue of Such Foreign Plants as are Worthy of Being Encouraged in Our American Colonies, for the Purposes of Medicine, Agriculture, and Commerce* (London, 1770), p. 37.

19 Carolus Linnaeus, quoted in McPherson, *Carnivorous Plants and their Habitats,* vol. I, p. 15.

20 Erasmus Darwin, McPherson, *Carnivorous Plants and their Habitats,* vol. I, p. 16 に引用されたもの。

21 The American Tract Society, *Travellers' Wonders*, III (1830), p. 15.

22 Etienne de Flacourt, quoted in Phillipps et al., *Pitcher Plants of Borneo*, p. 3.

23 Phillipps et al., *Pitcher Plants of Borneo*, p. 67.

24 Carolus Linnaeus, Harry James Veitch, 'Nepenthes', *Journal of the Royal Horticultural Society*, XXI (7 September 1897), p. 229 に翻訳、引用されたもの。

25 Phillipps et al., *Pitcher Plants of Borneo*, p. 7.

26 Sydney H. Vines, 'The Physiology of Pitcher-plants', *Journal of the Royal Horticultural Society,* XXI (1897), p. 96.

27 J. E. Smith, *Introduction to Physiological and Systematic Botany,* 2nd edn (1809), p. 195. Quoted in Vines, 'The Physiology of Pitcher-plants', p. 98.

28 Charles Darwin, *Insectivorous Plants* (London, 1875), p. 1.

29 Stewart McPherson, *Carnivorous Plants and their Habitats* (Poole, 2010), vol. 1, p. 35 に引用されたもの。

30 Darwin, *Insectivorous Plants*, p. 294.

31 McPherson, *Carnivorous Plants and their Habitats*, vol. I, p. 42.

32 Pratt, *Flowering Plants of Great Britain*, p. 188.

33 J. G. Hunt, 'Natural History Studies', *Friends' Intelligencer*, XXXIX/1 (1882), p. 10, quoted in Tina Gianquitto, 'Criminal Botany Progress, Degeneration, and Darwin's Insectivorous Plants', in *America's Darwin: Darwinian Theory and* u.s. *Literary Culture*, ed. Tina Gianquitto and Lydia Fisher (Athens, ga, 2014).

34 Reginald Farrer, *Alpines and Bog-plants* (London, 1908), pp. 245–6.

35 同上

36 Colin Clout, *Colin Clout's Calendar: The Record of a Summer, April–October* (London, 1883), p. 138.

37 Cesare Lombroso, *Criminal Man* [1884], ed. and trans. M. Gibson and N. H. Rafter (Durham, NC, 2006), p. 167. Also quoted in Dawn Keetley, 'Introduction: Six Theses on Plant Horror; or, Why Are Plants Horrifying?', in *Plant Horror:*

Approaches to the Monstrous Vegetal in Fiction and Film,* ed. Dawn Keetley and Angela Tenga (London, 2016), p. 17.

38 'Mars Peopled by One Vast Thinking Vegetable', *Salt Lake Tribune* (13 October 1912).

39 'Carnivorous Plants Killed by Indigestion', *Omaha Daily Bee* (11 December 1904), p. 34.

40 Alice Lounsberry, 'Plants that Set Traps', *New York Tribune* (20 January 1907) p. 15.

41 Rene Bache, 'Cleverest of All Plants', *Ogden Standard* (23 March 1918), p. 37.

42 'The Animalism of Plants', *Scientific American*, xxxiii/1 (1875).

第4章　人食い植物の攻撃

1 *Startling Stories* (September 1951), p. 123 の「論説」より。

2 Cesare Lombroso, *Criminal Man* [1884], ed. and trans. M. Gibson and N. H. Rafter (Durham, NC, 2006).

3 Dawn Keetley, 'Introduction: Six Theses on Plant Horror; or, Why Are Plants Horrifying?, in *Plant Horror: Approaches to the Monstrous Vegetal in Fiction and Film*, ed. Dawn Keetley and Angela Tenga (London, 2016), p. 6.

4 'Some Remarkable Trees', *Topeka Daily State Journal: Saturday Evening* (4 October 1913), p. 18.

5 'Sacrificed to a Man-eating Plant', *Ogden Standard-examiner* (Sunday Morning, 26 September 1920).

6 Arthur Conan Doyle, 'The American's Tale', *London Society*, XXXVIII (December 1880), p. 44.

7 同上

8 Howard R. Garis, 'Professor Jonkin's Cannibal Plant', *Argosy* (August 1905).

9 Rene Morot, 'Drosera Cannibalis', *The Living Age* (25 February 1922).

10 同上

11 H. Thompson Rich, 'The Beast Plants', *Famous Fantastic Mysteries*, II/1 (April 1940) pp. 66–77.

12 Barry Langford, 'Introduction' John Wyndham, *The Day of the Triffids* (London, 1999), p. ix. のバリー・ラングフォード（Barry Llangford）による前書き。

13 Constantine Nasr, ed., *Roger Corman Interviews* (Jackson, MS, 2011), p. 102.

14 'The Monster of Frankenstein and the Plant', *The Monster of Frankenstein*, XXXIII (New York, 1954), pp. 23–31.

15 Marc Jensen, '"Feed Me!": Power Struggles and the Portrayal of Race in Little Shop of Horrors', *Cinema Journal*, XLVIII/1 (Autumn 2008), p. 57.

16 *Pokemon – Gotta Catch 'em All: Deluxe Essential Handbook* (Sydney, 2015), p. 57.

17 同上 , p. 405.

第5章 食虫植物のさまざまな用途

1 Gina la Morte, 'Earth's Gold', *Boho*, X (Spring 2011), p. 28.

2 See www.madelinevonfoerster.com, accessed 1 February 2017.

3 マデリン・フォン・フォレスター（Madeline von Foerster）が 2017 年 9 月に筆者と交わした書簡より。

4 同上

5 同上

6 同上

7 See www.noirscapes.com, 2017 年 2 月 1 日アクセス。

8 See www.evankolker.com, 2017 年 2 月 10 日アクセス。

9 See www.jasongamrathglass.com, 2017 年 2 月 10 日アクセス。

10 See http://dancorson.com, 2017 年 2 月 10 日アクセス。

11 同上

12 See www.paulhillsculpture.com, 2017 年 2 月 10 日アクセス。

13 Anthea Phillipps, Anthony Lamb and Ch'ien C. Lee, *Pitcher Plants of Borneo*, 2nd edn (London and Borneo, 2008), p. 69.

14 Wilhelm Barthlott et al., *The Curious World of Carnivorous Plants: A Comprehensive Guide to Their Biology and Cultivation* (Portland, or, and London, 2007), p. 149.

15 Phillipps et al., *Pitcher Plants of Borneo*, p. 70.

16 See www.carnivora.com, 2017 年 8 月 1 日アクセス。

17 Francois Gaascht, Mario Dicato and Marc Diederich, 'Venus flytrap (*Dionaea muscipula* Solander ex Ellis) contains Powerful Compounds that Prevent and Cure Cancer', *Frontiers in Oncology*, III (August 2013), pp. 1–18.

18 Cory S. Harris et al., 'Characterizing the Cytoprotective Activity of *Sarracenia purpurea* L., a Medicinal Plant that Inhibits Glucotoxicity in pc12 cells', *BMC Complementary and Alternative Medicine*, XII/245 (2012), pp. 1–10.

19 同上

20 Kavita N. Manchikanti et al., 'A Double-blind, Controlled Evaluation of the Value of Sarapin in Neural Blockade', *Pain Physician*, VII (2004), pp. 59–62.

21 N. B. Ghate et al., 'Sundew Plant, a Potential Source of Antiinflammatory

Agents, Selectively Induces g2/m Arrest and Apoptosis in mcf-7 Cells through Upregulation of p53 and Bax/Bcl-2 Ratio', *Cell Death Discovery*, II (2016), pp. 1–10.

22 'Kyrie 1 Flytrap Basketball Shoe Captures Deceptive Quickness', www.nike.com, 15 February 2015.

23 Nakul Prabhakar Bendea et al., 'Geometrically Controlled Snapping Transitions in Shells with Curved Creases', *Proceedings of the National Academy of Sciences of the United States of America*, CXII/36 (2015), pp. 11175–80; Mohsen Shahinpoor, 'Biomimetic Robotic Venus Flytrap (*Dionaea muscipula Ellis*) made with ionic polymer Metal Composites', *Bioinspiration and Biomimetics*, vi (2011), pp. 1–11.

24 Ed Yong, 'Killer Plant Super-slippery Material that Repels Everything', www.phenomena.nationalgeographic.com, 21 September 2011,

25 Mingjun Zhang et al., 'Nanofibers and Nanoparticles from the Insect-capturing Adhesive of the Sundew (*Drosera*) for Cell Attachment', *Journal of Nanobiotechnology*, VIII/20 (2010), pp. 1–10.

26 Nigel Hewitt-Cooper, *Carnivorous Plants: Gardening with Extraordinary Botanicals* (Portland, OR, 2016), p. 138.

第6章　食虫植物の採集・栽培・保護

1 *Gardeners' Chronicle* (1881), Anthea Phillipps, Anthony Lamb and Ch'ien C. Lee, *Pitcher Plants of Borneo*, 2nd edn (London and Borneo, 2008), p. 25 に引用されたもの。

2 John Saul, *Catalogue of Plants for the Spring of 1884* (Washington, DC, 1884).

3 James Pitcher and W. Albert Manda, *Descriptive Catalogue of New and Rare Seeds, Plants and Bulbs* (Short Hills, NJ, 1892).

4 Wm F. Bassett & Son, *Catalogue of the Bellevue Nursery* (Hampton, NJ, 1897).

5 F. Weinberg, *Cacti, Novelties, Odd and Rare Plants* (Woodside, NY, 1906).

6 同上

7 Siebrecht & Son, *General Illustrated and Descriptive Hand Book, New Rare and Beautiful Plants* (New York, 1908).

8 E. C. Robbins, Gardens of the Blue Ridge, *Special Trade Prices for July and August Acceptance* (Pineola, NC, 1924).

9 See International Union for Conservation of Nature, www.iucn.org, 2017 年 8 月 1 日アクセス。

10 Nigel Hewitt-Cooper, *Carnivorous Plants: Gardening with Extraordinary Botanicals* (Portland, OR, 2016), p. 140.

11　Wilhelm Barthlott et al., *The Curious World of Carnivorous Plants: A Comprehensive Guide to Their Biology and Cultivation* (Portland, or, and London, 2007), p. 149.
12　Hewitt-Cooper, *Carnivorous Plants*, p. 106.
13　Peter D'Amato, *The Savage Garden: Cultivating Carnivorous Plants*, revd edn (Berkeley, CA, 2013).
14　Phillipps et al., *Pitcher Plants of Borneo*, p. 271.
15　Carl Zimmer, 'Fatal Attraction', *National Geographic*, CCXVII/3 (2010), pp. 80–94.
16　Larry Mellichamp and Paula Gross, *Bizarre Botanicals: How to Grow Stringof-Hearts, Jack-in-the-Pulpit, Panda Ginger, and Other Weird and Wonderful Plants* (Portland, OR, and London, 2010), p. 47.
17　Phillipps et al., *Pitcher Plants of Borneo*, p. 271.
18　同上
19　David E. Jennings and Jason R. Rohr, 'A Review of the Conservation Threats to Carnivorous Plants', *Biological Conservation*, CXLIV (2011), p. 1357.
20　Phillipps et al., *Pitcher Plants of Borneo*, p. 272.
21　Adam T. Cross et al., 'Seed Reproductive Biology of the Rare Aquatic Carnivorous Plant *Aldrovanda vesiculosa* (Droseraceae)', *Botanical Journal of the Linnean Society*, CLXXX (2016), pp. 515–29.
22　See http://nasarracenia.org, 2017 年 9 月 1 日アクセス。
23　S. Leonard Bastin, 'Carnivorous Plants of the Future', *Scientific American* (18 December 1909).
24　同上
25　同上

ダン・トーレ（Dan Torre）
オーストラリアのロイヤルメルボルン工科大学メディアコミュニケーション学部上級講師。『サボテンの文化誌』（原書房）、『Animation - Process, cognition and actuality（アニメーション――プロセス、認知と現実性）』などの著書がある。

伊藤はるみ（いとう・はるみ）
1953年名古屋市生まれ。ノンフィクションを中心に英日翻訳に携わる。最近の訳書にスティーヴン・ミラー著『ひまわりの文化誌』、ジェフ・ミラー著『アボカドの歴史』、マリア・タタール編『［ヴィジュアル注釈版］ピーター・パン（上下）』（以上原書房刊）がある。

Carnivorous Plants by Dan Torre
was first published by Reaktion Books, London, UK, 2019, in the Botanical series.

花と木の図書館

食虫植物の文化誌

●

2021 年 *11* 月 *25* 日　第 *1* 刷

著者……………ダン・トーレ
訳者……………伊藤はるみ
装幀……………和田悠里
発行者……………成瀬雅人
発行所……………株式会社原書房

〒160-0022 東京都新宿区新宿 1-25-13
電話・代表 03(3354)0685
振替・00150-6-151594
http://www.harashobo.co.jp

印刷……………新灯印刷株式会社
製本……………東京美術紙工協業組合

ISBN 978-4-562-05955-3, Printed in Japan